Johannes Hartl

Einfach Gebet
Zwölfmal Training für einen veränderten Alltag

Johannes Hartl

Einfach Gebet

Zwölfmal Training für einen veränderten Alltag

SCM
R.Brockhaus

SCM

Stiftung Christliche Medien

Der SCM Verlag ist eine Gesellschaft der Stiftung Christliche Medien,
einer gemeinnützigen Stiftung, die sich für die Förderung und Verbreitung
christlicher Bücher, Zeitschriften, Filme und Musik einsetzt.

Internet: www.scm-brockhaus.de; E-Mail: info@scm-verlag.de

2. Auflage 2017
Illustrationen von Johannes Hartl

Gesamtgestaltung: Gobasil GmbH | www.gobasil.com
Satz: Amos Herter, Holzgerlingen
Druck und Bindung: Finidr s.r.o.
Gedruckt in Tschechien
ISBN 978-3-417-26807-2
Bestell-Nr. 226.807

Inhaltsverzeichnis

Einführung: Die Reise deines Lebens

Das Leben ist mehr. Und irgendwie ahnt jeder Mensch das. Das Leben, das ist zunächst das, was man sehen und anfassen kann. Sonne. Auto. Lasagne. Die rechte Hand. Der Wind in den Haaren. Die Menschen draußen vor dem Fenster. Das ganze Leben ist voll mit Dingen, Personen und Ereignissen. Doch das ist nur das Sichtbare. All das bezeichne ich jetzt einmal als »Box«. Damit ist der ganze Rahmen gemeint, in dem sich das normale Leben abspielt.

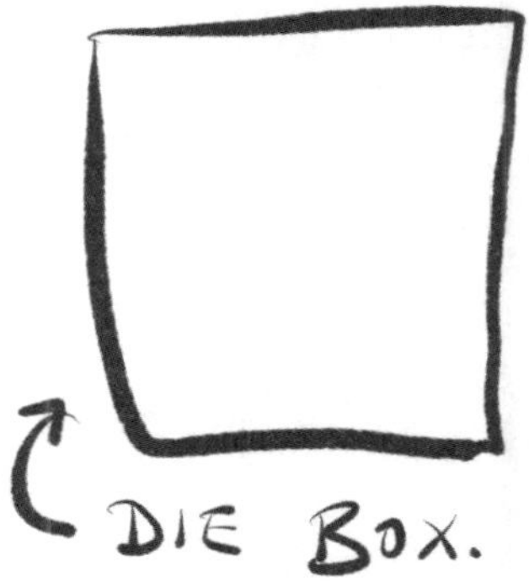

Auch Tiere essen, schlafen und laufen herum. Und sie sind in der Regel zufrieden, solange sie genug Futter und einen Partner für die Fortpflanzung haben. Der Mensch ist da eine seltsame Ausnahme. Als einziges Lebewesen hat er die Ahnung, dass es mehr gibt. Dass es einen tieferen Sinn gibt, ein verborgenes Geheimnis, eine höhere Dimension. Um genau diese Dimension geht es in diesem Buch. Um den Versuch, sie zu ergreifen und tief in sie einzudringen. Dabei wird es so richtig praktisch. Jedes Kapitel zeigt einen weiteren Schritt auf, hinein in das Unsichtbare, hinein in die große, faszinierende Realität außerhalb der Box. Zwölf Ideen für die abenteuerliche Reise in ein Leben, das sich nicht von den Wänden der Kiste abhalten lässt.

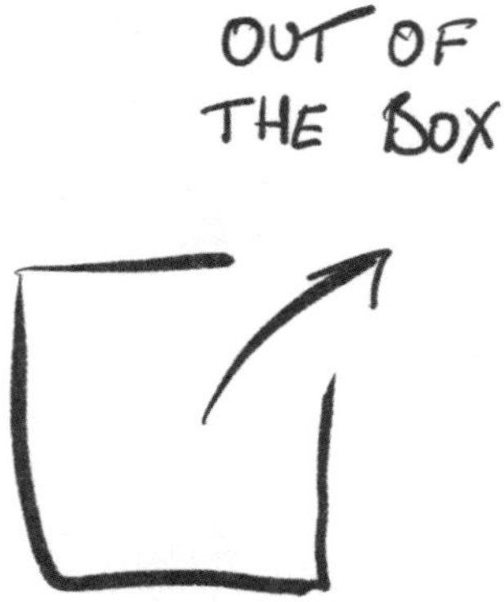

Lass uns praktisch werden. Aber zunächst eine Bitte um Entschuldigung: Ich bediene mich hier der vertrauten Anrede in der zweiten Person Singular. Ich hoffe, das ist okay. Als Autor dieses Buches unternehme ich den Versuch, dich, den Leser, an die Hand zu nehmen und dir Schritte zu zeigen, die ich selbst Tag für Tag und seit Jahren gehe. Auf persönliche und ganz einfache Weise. Und deshalb wage ich, dich auf so direkte Weise anzusprechen. Lass uns über das Leben nachdenken. Wir leben auf dieser Erde ein paar Jahrzehnte und dann ist es vorbei. Woher kommen wir? Wohin gehen wir? Und welchen Sinn hat das überhaupt? Fragen, die sich viele Menschen niemals stellen, doch die sich, wenn sie einmal wach geworden sind, nicht mehr mit billigen Floskeln zum Verstummen bringen lassen. Wie könnte man herausfinden, woher und wozu man existiert?

Es wäre nur möglich, wenn …

Ja, wann eigentlich?

Stell dir eine Maschine vor, die du nicht verstehst. Schrauben, Hebel, Zeiger, Federn, doch aus alledem wird nicht ersichtlich, wozu sie eigentlich da ist. Man kann das Gerät betasten, beobachten, belauschen. Doch was es eigentlich soll, erschließt sich daraus noch nicht automatisch.

Wenn man wissen will, wie ein technisches Gerät richtig funktioniert, fängt man am besten mit der Frage an, wozu es gemacht wurde. Zu welchem Zweck wurde es erdacht? Welchen Sinn erfüllt es? Eine Maschine versteht man nur, wenn man weiß, wozu sie da ist. Am besten weiß das im Zweifelsfall der Erfinder, denn der hat das Gerät ja zu eben diesem Zweck erdacht. Das Gleiche trifft auch auf den Menschen zu.

Du lebst. Doch dass es dich gibt, entspringt nicht dem Zufall oder der Laune deiner Eltern. Denn auch Eltern gab es ja nur, weil es vorher schon jemanden gab. Genau wie Sauerstoff und die Schwerkraft. Doch woher kommt das alles? Die Bedeutung des eigenen Lebens, ja, die Bedeutung der ganzen Welt steht und fällt mit der gleichen Frage wie der bei der eigenartigen Maschine: Warum gibt es überhaupt etwas und nicht vielmehr nichts? Und zu welchem Zweck? Hier führt die Frage nach dem Sinn unweigerlich zur Frage nach dem Erfinder. Dem Erfinder von uns Menschen und dem des Universums.

Der Sinn von überhaupt allem erschließt sich erst, wenn man den kennenlernt, der alles gemacht hat. Doch mit Kennenlernen meine ich nicht, ein Buch über ihn zu lesen. Sondern ich meine echten, direkten Kontakt. Für dieses persönliche Kennenlernen gibt es einen Fachbegriff: Er heißt Gebet. Gebet ist nicht alles. Aber ohne Gebet ist alles nichts. Und alles, ja, tatsächlich alles im Leben verändert sich, wenn man anfängt, damit ernst zu machen. Das klingt nach einem gewagten Versprechen. Doch ist es eines, das in meinem eigenen Leben und in dem Hunderter anderer Menschen, mit denen ich unterwegs bin, immer wieder Wahrheit geworden ist.

Gebet ist nicht alles. Aber ohne Gebet ist alles nichts.

Hier schreibt tatsächlich ein persönlich Betroffener. Seit 2005 leiten meine Frau Jutta und ich das Gebetshaus Augsburg. »Night and day we pray« ist unser Slogan: Bei uns verstummt das Gebet weder bei Tag noch bei Nacht. 365 Tage im Jahr, 24 Stunden am Tag. Nach solch einer langen Zeit gibt es durchaus das eine oder andere über dieses spannende Abenteuer mit Gott zu sagen. In diesem

Buch soll es aber nicht um das Gebetshaus gehen, sondern um das ganz normale Leben. Alle Übungen hier funktionieren in einem ganz durchschnittlichen Alltag, nicht nur in einem Kloster, einem Gebetshaus oder auf einer einsamen Insel.

Es gibt nur eine einzige Stelle in den Evangelien, in der die Jünger Jesu ihren Meister bitten, ihnen etwas beizubringen. Was könnte das wohl sein? Wollten sie von Jesus lernen, was das Geheimnis seiner liebevollen Ausstrahlung war? Oder welche die Geheimnisse für den Weltfrieden sind? Oder warum er Kranke heilen konnte? Mich persönlich hätte zum Beispiel brennend interessiert, wie Jesus das genau gemacht hat, als er Wasser in Wein verwandelte. Als jemand, der ein gutes Glas Bordeaux zu schätzen weiß, fände ich diese Frage wirklich hilfreich. Doch stattdessen baten die Jünger Jesus nur um eine einzige Lektion. Und zwar: »Lehre uns beten« (Lukas 11,1). Warum genau diese Frage? Offensichtlich gab es etwas am Gebetsleben Jesu, das so anziehend war, dass die Jünger diesem Geheimnis einfach auf die Schliche kommen mussten. Und offensichtlich sahen sie an seinem Leben, welche Bedeutung und welche Auswirkungen das Gebet auf alles andere hatte, was er tat. Er tat nichts ohne Gebet.

Interessant ist die Antwort Jesu. Jesus lehrte sie nämlich tatsächlich beten. Er hätte auch sagen können: »Das kann man nicht lernen, das ist eine Gabe, die man hat oder auch nicht.« Es wäre dann so etwas wie eine Charaktereigenschaft. Entweder man ist von Geburt an fromm oder eher »religiös unmusikalisch«[1]. Nein, Gebet ist ganz offensichtlich etwas, das man lernen kann! Doch obwohl die Jünger so lange Zeit mit Jesus unterwegs waren, haben sie das Beten scheinbar nicht automatisch irgendwie so mitgenommen. Beten ist also ganz deutlich etwas, das man lernen muss. Etwas, in dem man wachsen kann.

Dieses Buch soll dich dabei unterstützen, das Beten zu lernen. Es ist quasi ein »Do it yourself«-Kurs in einem der wichtigsten Fächer des Lebens, vielleicht dem wichtigsten überhaupt. Es ist keine Theorie, sondern es hat mit allen Aspekten des Daseins zu tun.

Und damit, wie dieses Dasein komplett anders werden kann. Auf dich wartet die Reise deines Lebens. Der größte Schatz und das schönste Geheimnis. Doch sei gewarnt: Danach bleibt nichts mehr, wie es war.

1 So der Philosoph Jürgen Habermas in seiner Rede zum Friedenspreis des deutschen Buchhandels 2001 über sich selbst.

1
Nichts.

Nichts.
Meine linke Hosentasche fühlt sich so eigenartig leer an, denn darin fehlt etwas. Ich muss auch nicht hineingreifen, um auf irgendetwas zu reagieren. Mir keine Sorgen machen, dass in den nächsten Tagen irgendetwas summt oder klingelt. Denn in meiner Hosentasche ist nichts. Ich habe kein Handy dabei, kein Internet und auch nichts zum Arbeiten. Das fühlt sich fast nach Entzug an. Die letzten Tage waren so voll. Gespräche, Meetings, Projekte, Entscheidungen. Ich bin herausgerissen aus so vielen Themen, die noch vor ein paar Stunden mein ganzes Denken gefüllt haben. Und sitze jetzt seit einer halben Stunde im Auto, ganz allein – und ohne die mir sonst so unverzichtbar erscheinenden elektronischen Geräte.

Der erste aufmerksame Blick aus dem Autofenster. Grüne Maiwiesen ziehen vorbei und plötzlich die Frage, was man hier eigentlich den ganzen Tag macht, wenn man keine Kuh ist. Vier Tage im Allgäu, weit weg von allem. Bedeckter Himmel, leichter Regen. Von Dorf zu Dorf, in immer ländlichere Regionen. Dass es überhaupt so viel Landschaft gibt, so weit im Abseits. So viele Dörfer mit nie gehörten Namen. Nicht viel los hier. Nichts eigentlich.

Erst als sich der Schlüssel im Schloss umdreht und ich die Ferienwohnung betrete, trifft es mich mit voller Wucht. Ich werde hier vier Tage lang bleiben. Wie habe ich mich auf so eine Idee einlassen können?! Einfach einmal nichts tun, hat ein guter Freund mir geraten. Hm. Interessante Idee. Doch was bedeutet das genau, »nichts«? Also nur lesen oder schreiben? Nein, nichts. Meine Lebensziele durchdenken? Nein, nichts. Wandern und die Natur erkunden? Auch das nicht. Wie bitte? Eigentlich ist es unfassbar. Doch irgendwie reizt es mich. Ja, was könnte denn eigentlich passieren? Bei dem Gedanken plötzlich Angst. Denn das ist so ungewohnt. Zumal, wenn man ein aktiver Mensch ist. Einfach nichts tun? Mit niemandem? Und ohne Input? Bei mir ist immer etwas los. Und wenn mal nichts los ist, dann suche ich mir was zu tun. Ich bin so ein Typ, der einen Stapel Bücher mit an den Strand nimmt. Der jede Wartezeit nutzt, um wenigstens irgendwelche Pläne zu schmieden. Die Welt retten zum Beispiel.

Doch jetzt sitze ich auf dem Sofa und starre ins allgäuer Nichts. Es fühlt sich so eigenartig an. Die Stille ist fast zum Anfassen dick und hüllt alles ein. Rötlich halb beschienene Wolken am frühen Abendhimmel. Die erste Stunde verrinnt. Das Honiggelb des späten Lichts auf den Hauswänden gegenüber. Die Lautlosigkeit tut fast weh. Keine Ahnung, wie das vier Tage lang auszuhalten sein soll. Vier Tage lang nichts. Doch wer weiß, was es noch zu entdecken gibt. Irgendwie fühle ich mich so, wie sich Neil Armstrong gefühlt haben muss, als er als Erster einen Schritt auf den Mond tat. Unerforschtes Terrain. Und die Ahnung, hier könnte etwas Großes auf mich warten.

Nichts. Was ist eigentlich, wenn nichts los ist? Ein Termin wurde abgesagt. Ein Freund kommt doch nicht. Die Arbeit ist schneller beendet als gedacht. Da, wo vorher eine Eintragung im Kalender war, ist nur noch weißes Papier.

Was geschieht, wenn nichts los ist? Meistens suchen wir uns dann etwas zu tun. Eine Pizza in den Ofen schieben, anfallende Hausarbeit erledigen, eine E-Mail schreiben oder einfach den Fernseher einschalten. Denn die Stille, das Nichts, ist eigenartig. Kopfhörer im Ohr, nebenher schnell noch Facebook checken. Oder jemanden anrufen, denn allein sein ist so eine Sache ... Warum eigentlich? Ist da vielleicht Angst vor der Stille, dem Alleinsein? Was wäre so schlimm daran, wenn einmal Nichts wäre? Was wäre dann?

Die meisten Menschen verbringen ihr ganzes Leben auf der Flucht vor dem Nichts, das sie anspringt, wenn sie alleine sind und es nichts zu tun gibt. Deshalb gilt es stets, schnell irgendetwas anzuschalten, irgendetwas zu essen oder zu trinken, irgendetwas anzuschauen oder zu tun, nur nicht zur Ruhe zu kommen. Wegzulaufen. Das Problem ist: Irgendwann holt einen das Nichts trotzdem ein. Die gähnende Leere, die wie ein Krater vor den Füßen aufklafft, sobald die Wohnungstür hinter einem ins Schloss fällt. Der Morgen danach. Die Erschöpfung nach dem großen Projekt. Man stürzt sich einfach schnell in die nächste Ablenkung. Und danach in wieder eine Aktion. Und in eine weitere Ablenkung. Doch auch die wird enden. Irgendwann holt jeden das Nichts ein. Manchen erst, wenn er einmal im Krankenhaus liegt. Mit einem Burnout zu kämpfen hat. Eine Beziehung zerbricht. Die Rente ansteht oder der Job weg ist. Spätestens am Sterbebett jedenfalls gibt es kein Entfliehen mehr.

Wenn wir uns dem Nichts stellen, erklingt in jedem Augenblick eine leise Einladung: »Hör auf mit der Flucht. Es gibt unendlich viel zu entdecken.«

Eine Frage stellt sich dann mit unausweichlicher Wucht: Ist da vielleicht doch etwas? Gibt es einen Bereich »out of the box« oder gibt es einfach nur Nichts? Diese Frage ist wichtiger als jede andere im Leben. Und je später sie gestellt wird, desto länger verläuft das Leben am Eigentlichen vorbei. Wenn wir uns dem Nichts stellen, erklingt in jedem Augenblick eine leise Einladung: »Hör auf mit der Flucht. Es gibt unendlich viel zu entdecken.«

Das Problem ist: Du kannst das nur selbst herausfinden. Kopfwissen oder auch ein bisschen anerzogener Glaube reichen nicht aus. Und damit sind wir auch schon bei der ersten Übung.

Übung

Okay, wir starten. Und zwar in drei Schritten. Die erste Aufgabe: Such dir einen Ort, wo du möglichst ungestört bist. Man könnte auch sagen: Wo nichts ist. Je weniger, desto besser. Vielleicht nicht den Raum, in dem du momentan bist, sondern ein Zimmer, wo sonst niemand ist. Eine einsame Parkbank. Ein verborgener Ort im Garten. Eine ruhige Lichtung im Wald. Eine Kirchenbank. Es wäre gut, für die Übung insgesamt so viel Zeit zur Verfügung zu haben, dass an dem Ort selbst fünfzehn Minuten bleiben.

Der zweite Schritt wird etwas schwieriger. Er lautet: abschalten. Es geht also konkret darum, etwas auszuschalten. Das Handy zum Beispiel. Und das sollte jetzt auch ausbleiben. Schalte die Musik aus. Sollten andere mit dir im Haus wohnen, dann sperr die Tür zu. Versuche, alles in den Flugmodus zu stellen, was dich ablenkt.

Ein bisschen schwieriger ist es, die Lautstärke im Inneren des Kopfes abzuschalten. Denn erst jetzt tritt vielleicht zutage, wie viel dort los ist. Leider kann man die Gedanken nicht ohne Weiteres auf stumm schalten. Aber eine kleine Entscheidung kann helfen. In diesen fünfzehn Minuten soll all das keine Rolle spielen. Sollten irgendein Thema oder irgendwelche To-dos im Kopf so laut sein, dass sie einfach nicht weggehen wollen, dann empfiehlt es sich, vor den fünfzehn Minuten Stift und Zettel zur Hand zu nehmen und die Themen stichpunktartig aufzuschreiben. Und dann male hinter jedes Thema ein kleines Off-Zeichen.

So, das war schon der schwierigste Part. Was jetzt kommt, ist ganz einfach. Öffne deine Hände. Diese kleine Geste erscheint vielleicht unwichtig, sagt aber ganz viel aus. Den ganzen Tag über haben wir »alle Hände voll zu tun«. Es gibt so viel zu »händeln«, man kann nicht einfach die »Hände in den Schoß legen«, man muss das Leben »in die Hand nehmen«, fest zupacken und nehmen, was man kriegen kann ... Die natürliche innere Haltung im Alltag ist die der geschlossenen Hände. Jetzt ist ein Zeitpunkt zum Loslassen gekommen. Sogar das HANDY wird jetzt nicht mehr festgehalten. Öffne die Hände. Wir haben nichts in die Welt mitgebracht und werden nichts aus ihr mitnehmen. Niemand hat das Leben wirklich in der Hand. Fühlt sich das wie ein sinnloses Spielchen an? Es ist mehr als das. Nur wer offene Hände hat, kann sich beschenken lassen. Nur wer offene Hände hat, kann berühren. Für heute genügt der Versuch, fünfzehn Minuten mit offenen Händen dazusitzen. Keine Sorge: Eine solche kleine Geste fällt nicht ins Leere, sondern kann wirklich etwas bewirken. Gott ist da. Er ist der Schöpfer, der dir alles geschenkt hat, woraus du bestehst und was du hast. Und wenn nichts ist ... dann kann doch alles reich und voll und tief sein. Doch das wird es nur dem, der den Grund des Lebens entdeckt. Und das ist Gott. Er ist nicht schwer zu finden, wenn die Ablenkungen abgeschaltet und die Hände geöffnet sind. Hältst du das aus? Versuche es einmal!

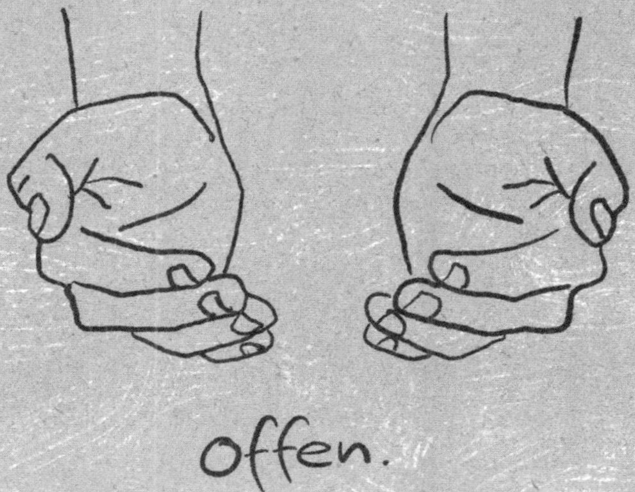

2
Geheimnis.

In der Innentasche der löchrigen Jeansjacke sicher verborgen: das Geheimnis. Niemand kann es sehen. Es steht geschrieben auf liniertem rosa Papier und in erstaunlich ordentlichen Buchstaben in dunkler Tinte. Leicht nach links geneigte Schulfüller-Handschrift. Wie können Mädchen nur so sauber schreiben? Es fehlt nur noch, dass der Brief parfümiert ist. Doch er bedarf dessen gar nicht, um zu duften.

Die Blätter fallen von den Bäumen auf dem Weg von der Schule nach Hause. Sie sind schon goldbraun. Die Worte auf dem Zettel machen alles anders. Nicht nur der Herbst ruht im warmen Glanz des Nachmittags, irgendwie scheint alles in ein anderes Licht getaucht. Federnde Schritte in meinen Converse-Turnschuhen. Der Duft des späten, warmen Tages. Verändert der Blick in den Spiegel, als ich später zu Hause bin. Gedankenverloren streicht meine Hand eine Strähne meines langen Haares aus der Stirn. Dass sie mir stundenlang zusehen könnte. Sie ganz befangen werde, wenn meine Augen sie träfen. Ich kann es kaum glauben. Denn aus dem Spiegel blickt mir das exakt gleiche Gesicht entgegen wie gestern. Das Gesicht, von dem ich nicht sagen kann, ob es doof oder toll ist. Hinter der runden Brille braune Augen, die mir eigentlich gar nichts sagen. Genau die Augen, über die sie jetzt schreibt … Kann es wahr sein?

Wohl dutzende Male noch wird der Brief aufgefaltet und zur Versicherung noch einmal gelesen. Ja, das steht da wirklich. Nur ich weiß es. Dies ist mein Geheimnis. Das Geheimnis, das ich seit heute Morgen hüte wie einen Schatz, den niemand kennt. Und in dessen Licht auf einmal meine Welt anders strahlt.

Der Schatz, der alles anders gemacht hat: dass es jemanden gibt, der mich liebt. Genau das steht da. Und der mich schön nennt. Mich, den irgendwie immer zu kleinen Teenager, den recht schmächtigen Typen mit den langen Locken und der schrägen Hippie-Kleidung.

Jetzt kümmert es mich nicht mehr so sehr, ob die anderen mich cool finden. Denn sie staunt über meine Augen. Es ist doch egal, wer meinen Style mag – wenn sie sagt, dass ich schön sei. Und auch die Sorgen der nächsten Woche verlieren ihr Gewicht. Sogar der anstehende Mathetest. Ich bin so schlecht in Mathe. Doch auch das verschwimmt, denn ich werde geliebt. Und in meinem Leben gibt es da auf einmal ein Geheimnis. Einen verborgenen Schatz, der mich reich macht. Die Ahnung ist plötzlich real, dass die Liebe wirklich alles anders macht.

Geheimnis. Jeder Mensch hat eines und jeder Mensch braucht eines. »Soll ich dir ein Geheimnis verraten?« Wer antwortet darauf nicht mit »Ja, klar!«? Nicht nur Kinder lieben es, Geheimnisse zu haben, zu erzählen oder erzählt zu bekommen. Auch als Erwachsener hat man Bereiche im Leben, von denen nicht jeder wissen darf. Die man nur engen Freunden anvertraut oder sogar niemandem. Es gibt kein Leben ohne Geheimnis.

Das Problem ist, dass nicht alle unsere Geheimnisse großartig sind. Manches ist wohl darunter, worauf man nicht stolz ist oder wofür man sich gar schämt. Wie fühlte es sich wohl an, wenn jeder deinen Computer durchstöbern, die persönlichen Tagebücher lesen und dich in deiner Wohnung beobachten könnte? Fest steht, dass jeder Mensch ein Innen und ein Außen hat. Das Außen ist das, was man mit den Augen sehen kann. Was man über einen Menschen weiß. Das, was vor Augen ist. Was auch Arbeitskollegen und Nachbarn wissen.

Das öffentliche Selbst und die Seite, die man anderen zeigt. Doch dann gibt es noch das Innen. Das, was den menschlichen Augen verborgen ist. Oder das nur die erahnen, die einen sehr gut kennen. Das Reich hinter der Fassade, die tiefere Ebene jenseits der Kulisse. Dieses Innere ist wichtiger als das Außen.

Jesus sagt es so: »*Was nützt es einem Menschen, wenn er die ganze Welt gewinnt, dabei aber sein Leben einbüßt?*« *(Markus 8,36).*

Doch was befindet sich in diesem Innen? Darin verbirgt sich ein Geheimnis, das wirklich alles anders machen kann. Bist du bereit?

Hier kommt das Geheimnis: Du hast einen menschlichen Geist. Punkt. Das war's schon! Und nur zum Verständnis: Gemeint ist natürlich kein Gespenst und auch kein Himbeergeist, sondern etwas, was nur Menschen haben. Tiere haben Instinkt und auch einen Willen. Doch im Menschen gibt es etwas, was ihn kategorial von den Tieren unterscheidet und das sich nicht auf seine Biologie reduzieren lässt. Nur der Mensch kann unterscheiden, ob es gut oder böse ist, seinen Willen durchzusetzen. Auch Tiere können denken, doch nur Menschen können Wahres oder Falsches als solches bezeichnen. Und schließlich: Nur Menschen schaffen Kunst, hängen sich Schmuck um den Hals oder dichten. Philosophen fassen diese drei besonderen Eigenschaften so zusammen: das Gute, das Wahre und das Schöne. Alle Menschen streben nach diesen drei Größen; unser Leben wäre schrecklich ohne sie. Jemand, der genug zum Essen hat, doch Böses tun muss, in Lügen und ohne Schönheit lebt, wird nicht erfüllt und glücklich leben können. Ja, ein solches Leben wäre sogar unmenschlich. Wir sind eben nicht nur Materie. Hier sind wir wirklich »out of the box«, denn Natur und Evolution allein können nicht erklären, warum der Mensch nach alledem sucht. Er tut es, weil er als Abbild Gottes erschaffen wurde. Gott selbst ist die Quelle des Guten, Wahren und Schönen. Er ist die Erfüllung der menschlichen Suche danach.

Der menschliche Geist hat die Fähigkeit, Gott zu erkennen. Gott zu erkennen? Das ist eigentlich unglaublich! Den unerschaffenen, ewigen, grenzenlose GOTT? Ja, genau! Und deshalb ist dieses Geheimnis auch so massiv. Und es wird noch besser. Es gibt einen Ort in dir, an dem du diesem Gott begegnen kannst. Das Bild, das mir dafür am besten gefällt, ist das Bild des inneren Gartens. In der biblischen Schöpfungsgeschichte setzt Gott den Menschen in einen Garten:

Gott, der Herr, nahm also den Menschen und setzte ihn in den Garten von Eden, damit er ihn bebaue und hüte. (1. Mose 2,15)

Unter Garten verstand man in der damaligen Zeit allerdings keine solche Mischlandschaft aus Brokkolibeet, Tujahecke und Kinderschaukel wie heute. Ein Garten war so etwas wie ein luxuriöser Park für reiche Leute. Ein extrem schöner Ort. Und was passierte dort? Ganz einfach: Gott und Mensch begegneten sich. Einen solchen Ort der Begegnung gibt es auch in unserem Herzen. Das Problem ist, dass die Geschichte seit Adam und Eva nicht so toll verlaufen ist. Und im Zustand ohne Jesus ist dieser Garten in uns ziemlich kaputt und tot. Deshalb begegnet auch nicht jeder Mensch Gott, der in sich hineinspürt. Wer wirklich aufrichtig in sein Inneres blickt, erkennt, dass bei Weitem nicht alles okay ist. Dieses »nicht okay« nennt die Bibel Sünde. Gott ist ein Gott der Liebe und der Wahrheit. Alles in mir, was nicht Liebe und Wahrheit ist, trennt von Gott. Beim Menschen in seinem natürlichen Zustand ist der Ort, an dem er Gott begegnen könnte, abgestorben. Paulus beschreibt das so: *»Ihr wart tot infolge eurer Verfehlungen und Sünden« (Epheser 2,1)*. Doch wer Jesus einlädt, in sein Herz zu kommen und alles wegzunehmen, was von Gott trennt, wer aufrichtig bereut, was an Bösem in seinem Herzen ist, und wer an die Kraft des Blutes Jesu glaubt, seine Sünden weg-

Gott selbst ist die Quelle des Guten, Wahren und Schönen.

zuwaschen, in dem passiert etwas völlig Neues. Das Wunder der Erlösung. Der innere Garten beginnt zu blühen. Er wird wieder schön.

Und hier ist das tiefste Geheimnis: Das, was Jesus am Kreuz für jeden Einzelnen getan hat, bewirkt nicht nur, dass man irgendwann in den Himmel kommt. Sein Blut macht rein und schön vor Gott. Das bedeutet: Gott (!!!) blickt auf dich mit einem Blick der Freude und des Staunens. Er nennt dich schön! Das ist das Geheimnis. Es ist bedeutend eindrucksvoller als der rosa Brief, den ein Jugendlicher geschickt bekommt. Denn dieser Absender ist entschieden gewichtiger. Wer sich geliebt weiß, für den wird alles anders. Das Leben erstrahlt in einem neuen Glanz. Egal, was Menschen denken. Egal, wie gut oder schlecht das »Außen« gerade aussieht. Da gibt es ein Geheimnis, das niemand mehr rauben kann.

Gebet ist der Weg, dieses Geheimnis tiefer zu verstehen, es zu spüren und zu lernen, daraus zu leben. Und das macht alles anders.

Übung

So, diesmal wird es kreativ. Dazu brauchst du einen Stift. Zuerst geht es noch mal um die Unterscheidung von Innen und Außen. Welche Bereiche deines Lebens würdest du mehr dem Außen zuordnen? Was beschäftigt dich, welche Rolle spielst du, was weiß man über dich – aber ist letztendlich nur »außen«? All das kann auf der nächsten Seite in den Raum um den Kreis herum geschrieben werden.

Der Kreis selbst steht für das »Innen«. Was macht dich zutiefst aus? Was weiß nicht jeder? Wo bist du »ganz du selbst«? Wenn dir hier etwas einfällt, kannst du es in die Mitte schreiben. Falls dir nichts einfällt, ist das nicht schlimm. Es zeigt nur, dass du noch einen spannenden Weg der Entdeckung vor dir hast!

Vielleicht wird dir auch bewusst, dass du Jesus noch nie ganz bewusst in dieses tiefste »Innen« hineingelassen hast. Dass dort eben noch nicht alles okay ist. Du kannst ihm in einfachen Worten sagen, was alles noch nicht stimmt, was du falsch gemacht hast. Erhebe dann deinen inneren Blick zu dem Mann am Kreuz. Er tat das für dich aus Liebe. Glaubst du dieser Liebe? Dann bitte ihn, dich mit seinem Blut reinzuwaschen und als Herr in das Innerste deines Herzens zu kommen. Falls du noch nicht getauft bist, wäre das der richtige Moment, Kontakt mit einer christlichen Gemeinde in deiner Umgebung aufzunehmen. Falls du schon gläubiger Christ warst, darfst du vertrauen, dass es in dir diesen wunderschönen Garten bereits gibt. Vielleicht ist er aber etwas überwuchert.

Der innere Garten ist natürlich nur ein Bild. Doch Bilder haben Kraft. In ganz einfachen Strichen gezeichnet kann man sich den Garten vielleicht so vorstellen (in Echt ist er natürlich viel schöner!):

Nun empfiehlt es sich, die Übung vom ersten Kapitel zu wiederholen (also abschalten und Hände öffnen). Dass der Mensch einen Geist hat, mit dem er Gott begegnen kann, ist eine Wahrheit des Glaubens. Dass der Ort der Begegnung aber nicht irgendwo im Jenseits ist, sondern im Herz des Menschen, das ist den meisten nicht bewusst. Nimm dir nun noch einmal fünfzehn Minuten Zeit und versuche, hinzuspüren, ob sich dieser Ort im Inneren wahrnehmen lässt. Es geht dabei nicht um die großen Gefühle. Es macht nichts, wenn sich da erst mal nichts erspüren lässt. Es genügt diese kleine Geste der Aufmerksamkeit und des Glaubens, sicher davon auszugehen, dass ein Platz im tiefsten Herzen nur für Gott reserviert ist. Und dass er gerne dort ist. Dass er dich schön nennt, weil Jesus dich reingewaschen und den Garten in dir zum Blühen gebracht hat. Gott genießt diese Zeit, die du ihm schenkst. In diesem Bewusstsein endet die zweite Übung.

3
Jetzt.

Und ich habe mich doch so gefreut! Endlich einmal wieder ein Tag am Meer, nach so langer Zeit! Der Zug nach Toledo geht erst morgen. Nach den regnerischen Tagen, die uns seit den kahlen Hochebenen Kastiliens bis nach Galizien gefolgt sind, freuen wir uns auf sonnige Stunden an der Nordwestspitze Spaniens. A Coruña ist eine pulsierende Hafenstadt. An manchen Stellen etwas heruntergekommen, doch voller Leben und dampfender Platten frisch gefischter Langusten und anderer Krustentiere an jeder Ecke in den engen Gassen. Nach einer Woche Spanien zum ersten Mal salzige Seeluft. Und endlich ein Tag am Strand und endlich einmal Sonne.

Leicht besorgter Blick in den Himmel: Wird das Wetter umschlagen? Am Strand angekommen ist es doch noch etwas windiger als gedacht. Eine kleine Kuhle in den Sand gegraben und Tücher aufgespannt, dann geht es. Ob wir wohl später ins Wasser können? Eigentlich sollte das Meer im August warm genug sein. Es wäre schade, wenn wir all die Badesachen umsonst mitgeschleppt hätten. Langsam wird es Mittag und trotz des Windes sticht die Sonne erbarmungslos herab. Wir haben nicht an Sonnenschutz gedacht. Also noch einmal losgelaufen und in einem kleinen Geschäft zu einem unverschämten Preis Sonnencreme gekauft. Für den Weg hin und zurück brauche ich viel länger als gedacht. Meinen Kopfschutz habe ich aus zusammengebundenen Kleidungsstücken gebastelt. Plötzlich schießt mir der Gedanke durch den Kopf: Wenn wir den Zug morgen erwischen wollen, müssen wir so früh los, dass wir vielleicht heute noch aus der Pension auschecken müssen. Was, wenn wir quer durch die Stadt zu lange zum

Bahnhof brauchen? Planendes Grübeln. Dann mit hängender Miene der Blick in den Westen: Eine Front blaugrauer Wolken zieht herauf. Ob es mit der Sonne gleich vorbei ist? Wenn es zu regnen beginnt, kann es direkt recht kühl werden. Wir überlegen, wie wir unser Gepäck möglichst schnell zusammenpacken können. Doch erst noch einmal die morgige Abreise durchgesprochen. Fürs Baden ist es jetzt ohnehin zu spät. Außerdem wollen wir noch Proviant einkaufen. Wir gehen. Hinter uns bleibt die glitzernde Bucht von A Coruña zurück, der kreischende Schrei der Möwen hoch oben, die in der dunstigen Ferne verschwimmenden Frachtschiffe, die klatschende Gischt auf den karsten Felsen in der Brandung. Irgendwie habe ich all das gar nicht so recht wahrgenommen. Doch jetzt ist es zu spät. Und ich habe mich doch so auf diesen Tag gefreut ...

verpasst.

Jetzt. Erst viel später dämmerte es mir. Ich hatte diesen wunderschönen Tag am Meer irgendwie verpasst. Doch wie? Erst hatte ich mich darauf gefreut. Dann mir Gedanken gemacht, wie er werden würde. Dann abgewartet. Dann Vorsorge getroffen. Dann gab es viel für die Abreise zu planen. Und als ich schließlich abends in der kleinen, schäbigen Pension saß, war der Tag am Meer vorbei und das gleißende Licht auf dem heißen Sand schon wieder erloschen.

Der einzige Moment, der wirklich real ist, ist jetzt. Das Jetzt ist der Moment, in dem Zeit und Ewigkeit sich berühren. Natürlich gibt es auch die Vergangenheit und die Zukunft. Doch sie sind nur deshalb wichtig, weil sie das Jetzt beeinflussen. Gott nennt sich selbst den *»Ich bin«* (*2. Mose 3,14*) – er ist der, der ganz da ist.

Gott ist immer im Hier und Jetzt. Einziges Problem: Wir sind dort meistens nicht anzutreffen!

Und da sein, das bedeutet, im Hier und Jetzt zu sein. Gott ist immer im Hier und Jetzt, so könnte man sagen. Einziges Problem: Wir sind dort meistens nicht anzutreffen! Glaubst du nicht? Na, dann schaue dir selbst einmal beim Leben zu. Woran denkst du? Wo bist du innerlich? Schon wenn du ein paar Minuten still bist, wirst du merken: Entweder bist du woanders (du träumst dich an einen anderen Ort) oder aber in der Vergangenheit oder Zukunft. Du denkst schon an morgen, weil da so viel Stress auf dich wartet. Oder dir hängt das Gestern noch nach, weil du da etwas verbockt hast. Du sitzt hier, doch bist in Gedanken schon zwei Haltestellen weiter. Wie schade! Denn Sonne, Meer und Möwen sind immer nur im Hier und Jetzt. Das wahre Leben findet nur hier und jetzt statt. Und Gott ist immer im Hier und Jetzt. Er ist nicht schwer zu finden. Er wartet schon auf uns. Nur wir sind meistens woanders. Höchste Zeit, zurückzukommen …

Jesus lehrte total sorgloses Vertrauen auf den Vater: *»Sorgt euch also nicht um morgen; denn der morgige Tag wird für sich selbst sorgen. Jeder Tag hat genug eigene Plage«* (*Matthäus 6,34*). Das ist allerdings leichter gesagt als getan. Es beginnt damit, dass du wahrnehmen lernst, dass Gott wirklich real da ist. Im Hier und Jetzt. Eigentlich klingt das mystischer, als es ist. Genau genommen ist der jetzige Moment

nämlich der einzig reale. Der jetzige Augenblick ist die Realität. Zu sagen, dass Gott im Jetzt ist, bedeutet einfach nur, dass er real ist. Dass er immer auf die Begegnung mit uns wartet. Doch genau da liegt unser Problem. Das Sorgen, das Grübeln, das Leben in der Zukunft raubt uns die Freude an dem, was in der Realität direkt vor unseren Augen wartet. Dahinter stehen Furcht und mangelndes Vertrauen. Mit einem Bein innerlich immer schon im nächsten Termin sind wir nie ganz präsent für das, was im nächsten Augenblick unwiederbringlich vorbei ist. Auch für die Gegenwart Gottes, die in jeder Sekunde des Lebens erfahren werden kann.

Übung

Und so kannst du darin wachsen, im Hier und Jetzt zu sein. Such dir wieder einen ruhigen Ort und nimm dir etwa fünfzehn Minuten Zeit. Schließe die Augen und versuche zunächst, einfach nur da zu sein. Vielleicht merkst du erst jetzt, wie wenig du »im Hier und Jetzt« bist. Macht nichts. Viele merken das ein Leben lang nicht.

In einem zweiten Schritt stell dir vor, Jesus sitzt dir gegenüber im Zimmer. So ganz abwegig ist die Vorstellung nicht, denn Jesus ist real auferstanden und lebt. Er sagt ganz wörtlich: *»Ich bin bei euch alle Tage bis zum Ende der Welt«* (Matthäus 28,20). *»Bei euch«*, das bedeutet: hier und jetzt. Du kannst mit ihm reden wie mit einem guten Freund. Du musst das Gestern und Morgen nicht wegdrücken, sondern kannst ihm davon erzählen. Es ihm geben. Er kann die Vergangenheit heilen. Vielleicht möchtest du ihm etwas erzählen, was du falsch gemacht hast und von dem du wünschst, es wäre anders gekommen. Oder du bringst ihm etwas, was dir Kopfzerbrechen bereitet. Einen Konflikt oder das, was morgen auf dich wartet. Das muss nicht unglaublich lang sein, doch du wirst merken, dass es einen Unterschied macht. Wenn eine Sorge so groß ist, dass sie einfach nicht weggehen will, kannst du mit Jesus einen Sorge-Übergabevertrag abschließen. Er hat gesagt: *»Kommt alle zu mir, die ihr euch plagt und schwere Lasten zu tragen habt. Ich werde euch Ruhe verschaffen«* (Matthäus 11,28). Wenn du willst, kannst du die Sorgen, die du ab sofort an ihn übergeben willst, auf ein Blatt Papier schreiben.

Das ist nur eine erste Idee, ein erster Schritt. Das Leben in der Gegenwart ist viel umfassender. Ein ganz einfaches und doch tiefes Geheimnis. Dass Gott da ist. Dass er real ist. Aber dass wir dafür erst einmal in unserer eigenen Gegenwart sein müssen, nicht in Zukunft oder Vergangenheit allein. Im jetzigen Moment schenkt sich uns die Realität Gottes. Er ist der Ich-bin-da. Hier und jetzt.

4 Wahrnehmung.

Klara

»Hi Ellen!«

Ellen

»Guten Morgen, Klara! Wie geht's?«

Klara

»Ach, ich weiß auch nicht. Bin gerade etwas durcheinander ...«

Ellen

»Hm, schon klar. Bei mir nicht anders. Meine Eltern kommen am Wochenende zu Besuch, der Hund ist beim Tierarzt und Montag ist sowieso nicht mein Tag.«

Klara

»Also bei mir passt eigentlich alles. Aber irgendwie fehlt mir gerade so der Drive.«

Ellen

»Kein Wunder, bei dem Stress letzte Woche. Geht mir nicht anders. Bei mir war die Hölle los. Erst das mit dem Hund und dann noch das kaputte Auto ...«

Klara

»Na ja, so viel zu tun gab es bei mir gar nicht. Ich frage mich eher, ob dieser Job eigentlich das ist, was ich wirklich machen will ...«

Ellen

»Das kenn ich. Also bei mir ist das eine Frage der Einstellung.

Morgens joggen und dann unter die Dusche – dann bin ich sofort wieder topfit!«

Klara

»Ich merke halt, dass ich direkt nach der Ausbildung hier angefangen habe und ich mich nie gefragt habe, was ich eigentlich mit meinem Leben machen will.«

Ellen

»Genau! Du brauchst eine neue Herausforderung! Ich liebe Herausforderungen. Zum Beispiel dieses neue Projekt im Büro. Das ist wirklich eine geniale Sache. Damit sparen wir unglaublich viel Zeit, die Aufgaben sind klarer verteilt und ich kann endlich wieder organisieren. Ich liebe Organisieren. Du solltest dir irgendwas Neues vornehmen!«

Klara

»Hm, na ja, vielleicht. Ich weiß gerade selbst nicht so recht, was ich bräuchte.«

Ellen

»Zum Beispiel eine Reise! Bei mir klappt das immer voll gut, danach macht mir auch der langweiligste Job wieder Spaß. Reisen ist die Lösung. Ich hab meine besten Ideen immer im Urlaub.«

Klara

»Also ich war letztes Jahr auf Mallorca und davor in der Türkei ...«

Ellen

»Mallorca kannst du vergessen. Viel zu teuer geworden. Ich hab letztes Jahr Inselhopping in der Ägäis gemacht. Traumhaft. Am besten war der Ausblick von dem kleinen Hotel auf Rhodos. Das muss ich dir erzählen: Wir fahren da so stundenlang mit einer Fähre rum und außer uns nur Griechen. Natürlich keiner ein Wort Englisch gesprochen. Und wir dann so zu ihnen: ›Hello boys‹, und dann ... (es folgen 17 Minuten weitere Erzählung).«

Klara

»Aber ich will eigentlich nicht verreisen.«

Ellen

»Absolut. Schon klar. Du solltest dich mal durchchecken lassen, woher diese chronische Müdigkeit bei dir kommt. Also mir geht es so, immer wenn ich zu müde bin, liegt es am Eisenmangel. Ich muss dann einfach ...« (Stunden später)

Klara

»..... ..... ?!«

Wahrnehmung.

Jede Beziehung lebt davon. Und vielleicht kennst du die Gespräche, die so laufen wie das oben beschriebene. Klara geht jedenfalls sicher nicht mit dem Gefühl, verstanden worden zu sein, aus der Unterhaltung. Warum? Ellen hat ihr zwar irgendwie zugehört und sogar Tipps gegeben. Doch ist dir aufgefallen, dass sie überhaupt nicht hingehört hat, was eigentlich wirklich Klaras Anliegen war? Viele Gespräche zwischen Menschen sind genau das: halbes Hinhören und vorschnelles »Ich weiß schon, was du sagen willst«. Oder noch nicht einmal das; dann geht es nur darum, das Eigene erzählen zu wollen. Denn echtes Hinhören ist nicht so einfach. Es bedeutet, vom Eigenen leer zu werden. Dem anderen Zeit zu schenken. Nicht schneller zu denken, als er oder sie sich mitteilt. Es bedeutet auch, gezielt und interessiert nachzufragen.

Beten lernen ist wie lieben lernen: Es ist ganz einfach, aber es kostet dich alles.

Oft sind wir so voll mit unseren eigenen Gedanken, dass wir das echte Zuhören überspringen. So entstehen »Gespräche«, die eigentlich keine sind, sondern die Aneinanderreihung von Monologen. Du erzählst etwas, doch ich höre eigentlich nicht zu. Denn ich warte nur auf deine Sprechpause, damit ich endlich das von mir erzählen kann.

Ich habe eine sehr einfache These. Und die lautet, dass Beten und Lieben viele Gemeinsamkeiten haben. Denn einen Menschen zu lieben, bedeutet, auf ihn einzugehen, ihm zuzuhören, ihn wahrzunehmen. Tatsächlich ist das deutsche Wort »Wahrnehmung« sehr vielsagend. Wenn ich das, was ein Mensch sagt, wahrnehme, ohne gleich etwas zu erwidern, fühlt der andere sich angenommen. Jeder Mensch sehnt sich danach, nicht sofort mit Ratschlägen beglückt oder vollgetextet zu werden. »Hörst du mir überhaupt zu?«, ist mehr als eine rhetorische Frage. Denn wenn du mir nicht zuhörst, nimmst du mich nicht für voll. Dann nimmst du mich nicht wahr.

Zuhören und wahrnehmen lernen ist tatsächlich weniger leicht, als man denkt. Jeder, der in einer Beziehung lebt, ahnt das wohl. Und zugleich ist es das Simpelste von der Welt, jemandem einfach seine Aufmerksamkeit zu schenken. Beten lernen ist wie lieben lernen: Es ist ganz einfach, aber es kostet dich alles. Und es beginnt hier: mit der Wahrnehmung.

Nun ist es tatsächlich so, dass wir alle nicht so gut in der Wahrnehmung sind. Nur ein kleines Beispiel. Was siehst du auf dieser Seite?

Eine mögliche Antwort: eine große weiße Fläche. Oder eine andere Antwort: ein schwarzer Rahmen mit sechs Wörtern in krakeliger Schrift. Doch wahrscheinlicher ist, dass deine Antwort »ein Punkt« war. Leider muss ich dich enttäuschen: In dem schwarzen Kasten befinden sich zwei Punkte (ein kleiner ganz links auf halber Höhe zwischen dem großen Punkt und dem unteren Rand). Und wenn man die Punkte der Schrift noch mitzählt (denn es geht ja um alles, was man auf dieser Seite sieht), sind es sechs Punkte. Genau genommen handelt es sich auch nicht um einen schwarzen Kasten, sondern um vier überaus uneinheitliche schwarze Linien, die dicker und dünner werden.

Hast du bemerkt, dass sie sich rechts und links oben gar nicht berühren? Und dass rechts unten ein kleiner Fortsatz besteht?

Natürlich war das ein etwas gemeiner Trick. Doch er zeigt, wie sehr wir jeweils nur einen Ausschnitt wahrnehmen. Tatsächlich ist unser Gehirn so gebaut, dass es ständig einen großen Teil der Realität ausblendet. Welche Farbe der Pulli der Kassiererin im Supermarkt hatte und an wie vielen Regalen Tierfutter ich vorbeigelaufen bin: Das Gehirn hat all das registriert. Doch wahrgenommen habe ich es nicht.

Der Mensch hat Antennen für die Gegenwart Gottes. Doch die können mehr oder weniger gut ausgebildet sein.

Ich behaupte: Es ist nicht schwierig, Gott wahrzunehmen. Und genau: Ich spreche nicht nur vom »Denken« an Gott, sondern vom Wahrnehmen seiner Gegenwart. Denn das kann man. Nur weil wir ihn nicht sehen und anfassen können, heißt das noch lange nicht, dass er nicht real ist. Es gibt alles Mögliche, für das wir Menschen keine körperlichen Sinnesorgane haben. Radioaktivität zum Beispiel können wir nicht wahrnehmen. Doch auch die Freiheit, die Beziehung zwischen zwei Menschen, einen Konflikt oder Schuld nicht. Dennoch haben wir für all das Antennen. Genauso hat der Mensch Antennen für die Gegenwart Gottes. Doch die können mehr oder weniger gut ausgebildet sein.

Das Erstaunliche an Gott ist nun aber, dass er immer schon da ist. *»Denn in ihm leben wir, bewegen wir uns und sind wir«*, sagt der Apostel Paulus *(Apostelgeschichte 17,28)*. Gott lebt nicht in einer anderen Welt, die mit unserer nichts zu tun hätte, sondern er ist im Hier und Jetzt. Und das, was dich ins Hier und Jetzt zurückbringt, ist die Wahrnehmung.

Menschen aller Religionen und Kulturen nehmen etwas vom Göttlichen wahr. Exklusiv durch Jesus aber haben wir direkten Zugang zum Vater, können Gott nicht nur erahnen, sondern persönlich begegnen und kennenlernen. Und das ist nicht schwierig, erfordert aber ein Ausbrechen aus dem Kreisen in den eigenen Gedanken. Und stattdessen das Augen-Auf der Wahrnehmung.

Übung

Was jetzt kommt, ist das Einfachste der Welt und wird dich gleichzeitig ganz schön herausfordern. In den beiden kommenden Übungen geht es um das Wahrnehmen. Für die erste brauchst du mindestens eine Stunde Zeit und ein bisschen Natur. Felder und Wiesen hinter dem Dorf, einen Park in der Stadt oder ein nahes Waldstück, je ungestörter, desto besser. Such dir ein schönes Plätzchen, an dem du dich ungestört niederlassen kannst.

In der Natur gibt es unglaublich viel wahrzunehmen. Und genau das ist auch deine einzige Aufgabe bei dieser Übung. Nimm wahr. Das beginnt meistens mit den Augen. Blicke mit den staunenden Augen eines Kindes umher, was es da alles zu sehen gibt. Das verschiedenfarbige Grün der Blätter, die Formen der Zweige, die Schattierungen des Himmels. Du kannst eine ganze Landschaft betrachten oder auch nur ein einziges Blatt. In beiden Fällen wird es viel mehr wahrzunehmen geben, als man in einer Stunde wirklich bewusst sehen könnte.

Doch dann gibt es noch die anderen Sinne. Welche Klänge dringen an dein Ohr? Wonach riecht es? Wie fühlt sich der Wind in deinen Haaren an, wie der Kiesel unter deinen Sohlen, wie die Rinde am Baum? Wichtig ist, dass du nur wahrnimmst und nicht bewertest oder analysierst. Es ist beispielsweise nicht entscheidend, ob du weißt, ob eine Birke oder Linde vor dir steht. Oder ob dir die Straße gefällt oder das Wetter. Lass es einfach so stehen und nimm es wahr. Und hetze nicht von einer Wahrnehmung zur nächsten, sondern bleibe staunend bei dem einen Ding, bis du es wirklich in seiner ganzen Tiefe an dich herangelassen hast. Bitte versuche auch nicht, die Eindrücke geistlich zu interpretieren. So nach dem Motto: »So wie dieser junge Zweig aus dem Stamm herauswachst, möchte auch Gott mein Leben zum Erblühen bringen.« Solche Gedanken können zwar gut und richtig sein, gehen aber über die reine Wahrnehmung hinaus. Der Sinn der Übung jedoch ist es, alles so, wie es ist, sein zu lassen, ohne eine Interpretation darüberzulegen. Wenn du dich beim Denken ertappst, komm einfach schnell wieder zurück in die Wahrnehmung. Dabei hilft die einfache Frage: Was ist da?

Dieser einfache Blick auf die Natur geht tiefer, als dir vielleicht bewusst ist. Gott hat alles gemacht. Und als er mit allem fertig war, sah er es sich an und fand es »sehr gut« (1. Mose 1,31). Im einfachen Betrachten trittst du in diesen liebenden Blick des Schöpfers ein, der wollte, dass alles da ist. Der Gefallen an seiner Schöpfung hat. In diesem Blick liegt kein Stress, Gott ruhte am siebten Tag. Konzentriertes Beobachten kann anstrengend sein. Doch Wahrnehmen ist es nicht. Deshalb kann diese Übung auch ganz ausgezeichnet der Entspannung dienen, wenn du mal gestresst bist. Doch sie ist viel mehr als das. Probiere es selbst!

Übung 2

Vielleicht hast du schon bei der ersten Übung gemerkt, wie schnell man vom Wahrnehmen ins Nachdenken, ins Grübeln oder ins Erforschen kommt. Noch deutlicher wird das im Kontakt mit Menschen, und damit sind wir wieder bei der kleinen Geschichte am Anfang des Kapitels. Die zweite Übung besteht darin, dass du einem Menschen einmal bewusst nur zuhörst. Erlaubt sind nur zwei Arten von Antworten: Spiegelungen oder Rückfragen zum besseren Verständnis. Unter Spiegelung versteht man, dass man mit eigenen Worten wiedergibt, was man gehört hat, um sicherzustellen, dass man auch wirklich verstanden hat, was der andere meint. Ein Beispiel:

Klara
»Hi!«
Du
»Guten Morgen, Klara! Wie geht's?«

Klara
»Ach, ich weiß auch nicht. Bin gerade etwas durcheinander ...«
Du
»Du bist durcheinander?«
Klara
»Ja, total. Und irgendwie fehlt
mir gerade der Drive.«
Du
»Also keinen Elan und keine Freude?«
Klara
»Absolut nicht. Ich glaube, es hat mit
der Arbeit zu tun.«
Du
»Macht dir die Arbeit gerade keinen Spaß?«
...

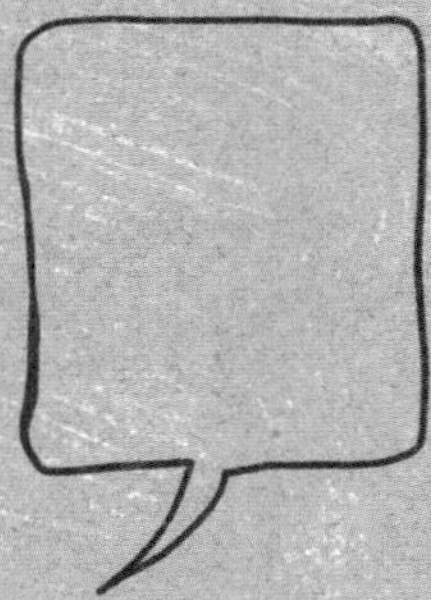

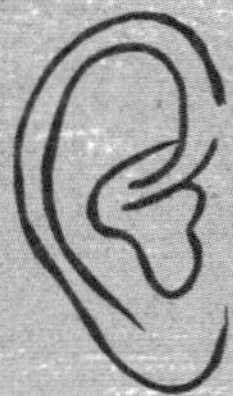

Erkennst du den Unterschied zu dem Gespräch oben? Hier hört jemand wirklich zu und nimmt den anderen wahr. Das äußert sich darin, dass nicht gleich ein Ratschlag oder eine eigene Geschichte aufgetischt wird, sondern Klaras Empfindung einfach so stehen gelassen wird.

Bei der Übung in der Natur ging es ebenfalls nicht darum, über die Bäume und den Fluss nachzudenken, sondern sie einfach sein zu lassen. Beim echten Zuhören geht es um das Gleiche. Man könnte sogar sagen: Beim echten Lieben geht es um das Gleiche. Paulus schreibt einmal in einem berühmten Kapitel über die Liebe: *»Die Liebe freut sich an der Wahrheit« (1. Korinther 13,6).* Wenn du einen Menschen liebst, dann bejahst du ihn in seinem Wesen so, wie er oder sie ist. Das ist in der Theorie leichter als in der Praxis. Lieben lernen kostet dich alles. Und es beginnt beim Zuhören. Sei ganz Ohr. Nimm wahr, was vom anderen kommt. Wenn dein Partner dich etwas fragt, sollst du natürlich antworten, doch deine Priorität sollte sein, den anderen zu Wort kommen zu lassen. Den anderen wahrzunehmen. Damit beginnt die Liebe. Und damit beginnt das Gebet.

5
Body.

So ganz ungefährlich ist es nicht. Doch das verstehe ich erst, als wir ein paar Schritte in die schmale Gasse abgebogen sind und eigenartig spähende Blicke uns zu folgen scheinen. Die Stadt und den Namen des asiatischen Landes kann ich nicht nennen, denn wir schicken uns an, ein christliches Waisenhaus zu besuchen, das von den staatlichen Behörden beschlagnahmt wurde. Christen werden in diesem Land leider immer wieder verfolgt. Es kommt zu mysteriösen Verhaftungen, Einschüchterungen bis hin zu Folter und roher Gewalt. Wir freilich fühlen uns sicher, schon allein weil wir Europäer sind. Doch es weiß ja auch niemand, dass wir Christen sind!

Nachdem die örtlichen Missionare sich unmöglich dem polizeibewachten Gebäude nähern können, entschließen meine Frau Jutta und ich uns zu einer kleinen Undercover-Aktion. In unserer westlichen Urlaubskleidung und mit Rucksack und Kamera wie Touristen sind wir ja perfekt getarnt. Warum sollten wir nicht zufällig durch die Straßen schlendern und ein paar Fotos knipsen, so lange uns niemand daran hindert? So mein naiver Gedanke.

Schmutzige Rinnsale neben der Straße, wo Frauen Wäsche waschen, sengende Sonne über den Palmenblättern, knatternde Mopeds und der Geruch von an der Straße zubereiteten, scharfen Gerichten. Kinder, barfuß, laufen uns nach. Neugierige Blicke aus Eingangstüren. Schon nach wenigen Minuten ist klar, dass unsere Aktion nicht verborgen geblieben ist. Eine ausländische Missionarin, die uns begleitet, wischt mit beiläufiger Miene alle meine Überlegungen bezüglich der Verborgenheit unserer Aktion vom Tisch.

»Vergiss es, Johannes!«, meint sie nur. »Jeder in der Straße hier sieht, dass ihr Missionare seid!« Wie bitte?«, erwidere ich und blicke an mir hinab. Ich trage weder ein Kreuz um den Hals noch eine Bibel unter dem Arm. Und es gibt Touristen in der Stadt. Woran bitte sollte man also erkennen, in welcher Mission wir unterwegs sind? »Ganz einfach: Die Leute hier spüren die Ausstrahlung, die Aura.«

Ich blicke entgeistert drein. »Aura?« Ich bin mir nicht einmal sicher, ob ich an so etwas überhaupt glaube. Doch egal, ob ich daran glaube, die Menschen hier nehmen es offenbar wahr. Wird einer hier Christ, so braucht er kein äußeres Erkennungszeichen, die Menschen in seiner Umgebung spüren es. Jeder merkt es, weil etwas deutlich anders ist. Und kommen Missionare in ein abgelegenes Dorf, so strömen Menschen herbei. Ich habe es selbst erlebt: Nichtchristliche Nachbarn drängen sich in das kleine Zimmer, damit wir ihren kranken Kindern die Hände auflegen. Denn sie spüren, dass da Kraft ist ...

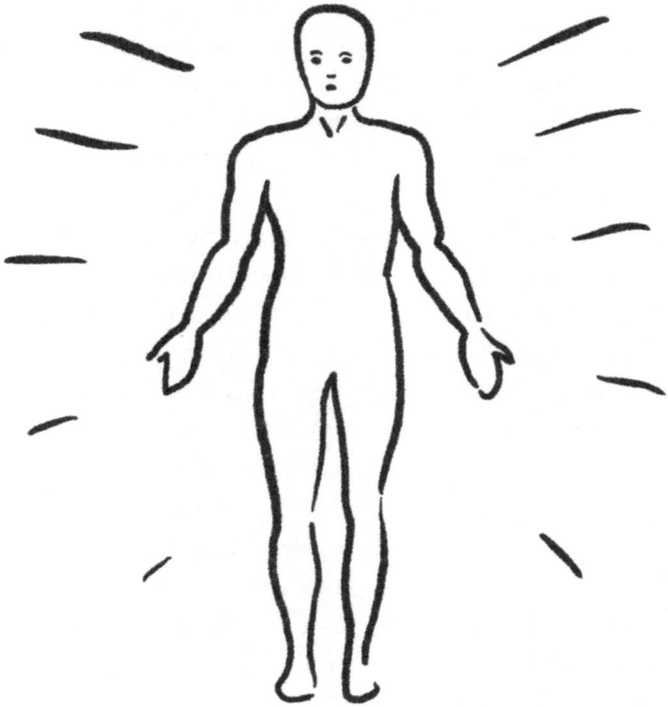

Body. Dass es da um meinen Leib herum mehr geben soll, eine Aura... Nein, eigentlich glaube ich nicht an so etwas. Und schon gar nicht an all das, was in der esoterischen Szene draus gemacht wird. Und trotzdem kann ich nicht abstreiten, dass Menschen in ganz Asien und Afrika offensichtlich Erfahrungen mit der geistlichen Dimension gemacht haben, die irgendetwas mit dem Körper zu tun hat. Mit Berührungen oder eben mit Ausstrahlung. Im Westen freilich sind wir an eine solche Denkweise nicht gewöhnt. Religion und Glaube sind irgendwie so Kopf-Geschichten. Innere Einstellungen oder höhere Ideale. Nicht so richtig greifbar. Gott hat doch gerade nichts mit Materie zu tun, oder? Also körperlichen Bedürfnissen und Genüssen eher entsagen so wie die Mönche früher?

Tatsächlich ist es nur die westliche Welt, die kaum davon ausgeht, dass das Übernatürliche direkt in das Materielle hineinspielt. Dass der Leib eben nur der materielle Körper ist. Wenn man krank ist, muss man Tabletten schlucken. Doch ansonsten ist nichts »Geistliches« daran. Die biblische Sicht auf den Körper des Menschen ist eine ganz andere. Schon im Judentum kommt ihm eine ganz herausragende geistliche Bedeutung zu. Und Jesus bildet in seiner Verkündigung keine Ausnahme. Er war kein Europäer und teilt deshalb auch nicht die westliche, rein naturwissenschaftliche Sicht auf den Leib. Die Bibel denkt grundsätzlich ganzheitlicher. Der Mensch ist eine Einheit aus Körper, Geist und Seele, untrennbar. Der Körper ist also nicht nur das materielle Anhängsel, sondern etwas ganz Wesentliches. Du bist dein Leib! Eigentlich ist es unmöglich, so zu tun, als hätte das Körperliche keine Auswirkung auf den Geist. Denn das leibliche Sein bestimmt zutiefst das ganze Sein. Zwar gibt es in der Bibel die Aufforderung, sich nicht *»vom Fleisch leiten«* zu lassen (z.B. *Römer 8,8-9)*, doch damit ist nicht der Körper gemeint, sondern die egoistischen Strukturen im Herzen.

Über den Leib dagegen lesen wir etwas Erstaunliches bei Paulus. Hier kommt's: *»Oder wisst ihr nicht, dass euer Leib ein Tempel des Heiligen Geistes ist, der in euch wohnt und den ihr von Gott habt? Ihr gehört nicht euch selbst; denn um einen teuren Preis seid ihr erkauft worden. Verherrlicht also Gott in eurem Leib!«* (*1. Korinther 6,19-20)*.

Der Leib wird also als Tempel bezeichnet. Daraus kann man Verschiedenes ableiten. Zunächst ist der Körper offensichtlich wichtig. Tatsächlich beinhaltet der Kontext dieser Bibelstelle eine ziemlich handfeste Aussage. Sie lautet: Weil dein Leib ein Tempel des Heiligen Geistes ist, kannst du nicht mit einer Prostituierten schlafen. Bäng. Ja, genau das schreibt Paulus. Es geht dabei aber nicht nur um die Aussage über gekauften Sex, sondern um eine komplett andere Sichtweise auf

Sexualität allgemein. Es ist der sehr konkrete Hinweis, dass Sexualität außerhalb des guten Planes Gottes für die Intimität zwischen Mann und Frau negative Auswirkungen auf das geistliche Leben hat. Gott hat Erotik erschaffen, und zwar für einen Mann mit einer Frau in einem festen Liebesbund für immer. Sex außerhalb dieses Spielfeldes geht an dem Ziel vorbei, das Gott geplant hat.

Doch Paulus argumentiert nicht damit, dass das eine verboten und das andere erlaubt sei, einfach weil das so Gottes Gesetz sei. Vielmehr legt er die Betonung auf die geistliche Dimension des Körpers. Dein Leib ist ein Tempel, deshalb ist es nicht egal, was du mit jemandem tust, auch wenn du sagst, es sei doch »nur körperlich« gewesen! In dem Bild steckt aber noch mehr. Der Tempel ist im jüdischen Verständnis der Ort, wo Gott wohnt und wo man ihm begegnen kann. Der Jude ging in den Tempel, um zu beten. Und exakt das meint Paulus auch in Bezug auf den Leib: Es ist der Ort, wo der Heilige Geist wohnt! Wirklich bemerkenswert, dass er nicht schreibt, das »Herz« oder die »Seele« seien der Ort, wo der Heilige Geist wohnt. Nein, es ist der Leib!

Diese Aussage und auch die kommende Übung sind vielleicht sehr ungewohnt. Doch ich mutmaße, dass es daran liegt, dass wir uns ein Denken über den Leib angewöhnt haben, das mehr mit der philosophischen Tradition der alten Griechen zu tun hat als mit der biblischen, ganzheitlichen Sichtweise. Dein Leib ist ein Tempel. Er ist nicht nur ein Stück Fleisch. Wenn du zu Jesus Christus gehörst, dann ist er ein Tempel des Heiligen Geistes geworden. Und du kannst ab sofort Gott dort begegnen. Doch wie für das Hier und Jetzt gilt auch für den Leib: Theoretisch sind wir natürlich immer schon dort. Unser Körper ist immer im Hier und Jetzt und wir leben auch immer in unserem Körper. Doch das bedeutet nicht, dass wir gelernt haben, die Gegenwart des Heiligen Geistes in uns wahrzunehmen. Dafür soll die nächste Übung eine Hilfe sein.

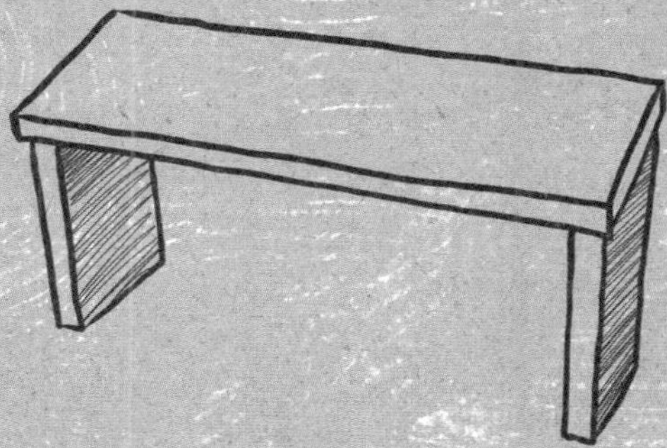

Knieschemel.

Übung

Für diese Übung brauchst du einen Knieschemel oder einen Stuhl, auf dem du aufrecht und bequem sitzt. Es geht um eine Körperhaltung, bei der du ohne Anstrengung sitzen, aber nicht leicht wegdämmern oder einschlafen kannst. Suche dir eine Position, die es dir ermöglicht, dich zwanzig Minuten komplett regungslos zu verhalten. Stelle dir dann einen Timer oder den Wecker deines Handys (nicht vergessen: Flugmodus!). Ich ermutige dich, die kommende Übung in drei Schritten zu machen, entweder nacheinander oder an darauffolgenden Tagen.

Erster Schritt:
Genauso wie du bei der letzten Übung die Natur wahrgenommen hast, nimmst du jetzt deinen Leib wahr. Schließe dazu die Augen und horche in dich hinein. Es geht dabei nicht darum, mit Gewalt »etwas spüren« zu wollen. Du musst dir auch dein Inneres nicht visuell vorstellen. Nimm einfach nur wahr, ob da was kommt. Es kann helfen, wenn du Schritt für Schritt deine Körperteile durchgehst. Spürst du, wie deine Füße auf dem Boden stehen? Wie fühlen sie sich an? Wie die Beine? Nimmst du etwas vom Gesäß und vom Rücken wahr?

Gehe nicht zu schnell vor, sondern lass deine staunende Aufmerksamkeit nach und nach auf den einzelnen Regionen deines Körpers ruhen. Es geht dabei nicht um verbissene Konzentration, sondern um liebendes Hinhorchen.

Vielleicht kostet dich das etwas Überwindung, weil es sich mehr wie Meditation oder Gymnastik anfühlt, doch es ist nichts weiter als das Einüben, wahrzunehmen.

Gehe langsam vom Rücken bis zu den Schultern. Dann die linke Hand, den linken Arm und ebenso rechte Hand und rechten Arm. Wenn dir die fünfzehn Minuten nicht reichen, macht das nichts. Lass dir Zeit. Es geht nicht darum, etwas zu erreichen (darum geht es im Gebet allgemein nicht!), sondern um die Haltung des Ganz-Daseins. Schließe ab, indem du auf deinen eigenen Herzschlag achtest. Nimmst du wahr, dass dein Herz schlägt? Gott hat es erschaffen und dir jeden Herzschlag deines Lebens geschenkt. Du kannst die kurze Übung damit beenden, dass du ihm dafür dankst.

Zweiter Schritt:

Wir starten wieder mit dem ruhigen Sitzen. Diesmal ruht die Aufmerksamkeit aber nur auf der Atmung. Der Atem ist eine geheimnisvolle Sache. Gott selbst hauchte Adam den Lebensodem ein *(1. Mose 2,7)*, Jesus blies seine Jünger an *(Johannes 20,22)* und der Heilige Geist wird in der Bibel auch mit dem Wort »Wind« oder »Atem« bezeichnet.

Wie nimmst du das Strömen der Luft durch deinen Leib wahr? Hast du je bemerkt, dass die Luft, die du einatmest, kühler ist als die, die du ausatmest? Wie bewegt sich die Luft in deiner Nase? Folge ihr langsam Schritt für Schritt auf ihrem Weg durch deinen Kopf bis hinten am Rachen vorbei. Wie strömt sie durch den Kehlkopf und hinab in die Bronchien? Die Luft füllt deine Lungen, der Brustkorb bewegt sich nach oben und unten. Kannst du wahrnehmen, wie das Zwerchfell sich hebt und senkt?

Der Heilige Geist ist der Lebensatem in dir. Danke ihm für das Geschenk des Lebens!

Dritter Schritt:

Die ersten beiden Stufen waren noch nicht explizit Gebet, sondern einfach nur eine Vorübung. Im dritten Schritt kannst du die beiden ersten noch einmal kurz wiederholen, also kurz in deinem Leib ankommen und auf deinen Atem achten. Horche jetzt in dich hinein, ob du wahrnehmen kannst, dass der Heilige Geist in deinem Inneren wohnt. Auch hier gilt: Du kannst und musst Wahrnehmung nicht »machen«. Es ist nicht entscheidend, ob du etwas spürst. Eine Glaubenswahrheit gilt, egal, ob man sie fühlt. Doch wir können achtsam dafür werden.

Du kannst nun in wenigen Worten mit dem Heiligen Geist sprechen. »Danke, dass du in mir wohnst, Heiliger Geist«, »Mach mich aufmerksamer für deine Gegenwart«, »Sprich zu mir« oder »Leite mich«. Doch die Kraft liegt nicht in vielen Worten, sondern im Hinhorchen und -spüren auf seine Gegenwart. Das wird zunächst ungewohnt und vielleicht schwierig sein. Solltest du gar nicht klarkommen, gehe zurück zu den ersten beiden Schritten. Ich kann dir versprechen: Du kannst lernen, achtsamer für die Gegenwart Gottes zu werden. Während dieser kleinen Übung und dann im ganzen Alltag.

6 Dimension.

Ja, ich komm doch schon. Während ich den Abendbrottisch ab- und die Teller in die Spülmaschine geräumt habe, hat Jutta unsere vier Kinder ins Bett gebracht. Unsere vier lebendigen, lauten, lustigen und meistens sehr liebenswerten Kinder, die jetzt nach mir rufen. Denn Papa muss ihnen natürlich noch »Gute Nacht« sagen. Doch von den Wirkungen der Bettgeh-Routine ist jetzt, Minuten später, irgendwie nicht mehr viel zu sehen. Da wurden Bilderbücher wieder aufgeklappt, Stofftiere umhergeworfen. Die obere Ebene des Stockbetts ist Schauplatz eines Ringkampfes und irgendwer hat den CD-Player wieder eingeschaltet. Also Licht aus und alle wieder ins Bett gescheucht. Es geht durchaus recht normal zu in unserer Familie. Und dann auch wieder gar nicht.

»Habt ihr schon gebetet?«, frage ich.

»Ja, mit Mama«, tönt es mir entgegen.

Das Gebet der Kinder ist bei uns recht konkret. Seit wir vollzeitlich im Dienst für das Gebetshaus leben, leben wir nur von der Vorsehung. Das bedeutet: von dem, was Menschen uns schenken. Wir haben uns völlig von der Versorgung Gottes abhängig gemacht, bekommen kein Geld von Staat, Kirche oder einem Arbeitgeber. Für unsere Kinder bedeutet das: Wir beten um Dinge, die wir brauchen. Oder uns wünschen. Wenn wir in den Urlaub fahren wollen, beten wir, dass uns jemand einen Urlaub schenkt. Ist uns tatsächlich schon öfter passiert. Nachdem Gott treu ist und auf glaubensvolle Gebete hin wirklich handelt, haben unsere Kinder gelernt, furchtlos und sehr präzise zu beten. Und zu erwarten, dass sie Bilder und Eindrücke von Gott bekommen. Doch auf das, was jetzt kommt, bin ich dennoch nicht vorbereitet.

Ja, sie hätten schon gebetet. Und unser ältester Sohn Samuel setzt hinzu: »Weißt du, Papa, früher habe ich immer nicht richtig gewusst, wie ich beten und Gott um etwas bitten kann. Jetzt gehe ich immer direkt in den Himmel vor seinen Thron und empfange dann gleich das, was ich brauche!«

Moment. Bitte noch einmal zum Mitschreiben. Hier sitze ich zwischen Playmobilrittern und Plüschrobben auf dem Boden und mein 11-Jähriger erzählt mir, dass er »in den Himmel geht«? Und er erklärt es mir noch ausführlicher. Vor seinem inneren Auge habe er den Thronsaal Gottes und er wisse ja, dass wir zu diesem Zutritt haben. Deshalb begibt er sich im Geist dorthin. Und Anna (9) fügt hinzu: »Das ist ganz leicht. So erklär ich das auch immer Leuten, die fragen, wovon wir leben. Ich sage, dass wir uns keine Sorgen machen müssen, weil Gott uns ja versorgt.«

Alles klar! Ich kann es kaum fassen. Jetzt erzähle ich noch eine Geschichte (in der typischerweise ein Panda und eine Giraffe vorkommen) und küsse sie auf die Wange. Als ich die Treppe nach unten gehe, denke ich mir nur: Genau so sieht echtes Gebet aus. Gebet, das weiß um die ...

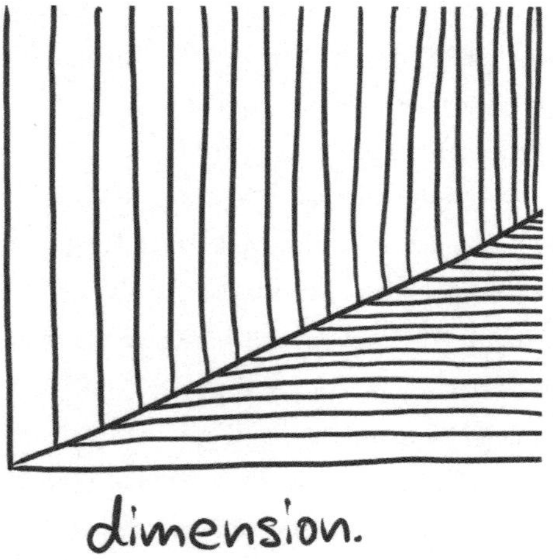

Dimension. In unserer Welt gibt es ja mehrere davon. Eine Dimension ist eine Ebene der Realität. Etwas, das geschieht, ereignet sich in mehreren Dimensionen zugleich. Ein Apfel fällt vom Baum. Diese Bewegung ereignet sich in der Zeit und in drei räumlichen Dimensionen. Mittlerweile gehen Physiker von der Existenz einer Reihe weiterer Dimensionen aus. Doch fest steht: Nicht für alles, was sich real ereignet, taugen die menschlichen Sinne. Menschen aller Epochen und

Kulturen glauben, dass es die geistliche Realität gibt. Wir Christen glauben nicht nur, dass es sie gibt. Wir wissen sogar eine ganze Menge darüber. Tatsächlich ist die Bibel voll mit Geschichten von Menschen, denen ein Einblick in die himmlische Dimension gewährt wurde. Doch mehr als das: Gott selbst wurde Mensch, damit wir einen Zugang zu Gott und zu seiner Welt bekommen können. Viele Christen denken, die Botschaft Jesu habe nur damit zu tun, unser Verhalten zu ändern oder uns das ewige Leben zu verheißen. Doch sie geht darüber hinaus. Er sprach von seinem Reich. Von einer größeren Wirklichkeit, die in ihm selbst schon angebrochen ist und die in Fülle auf diese Welt kommen wird, wenn er in Herrlichkeit wiederkommt.

Doch nun eines nach dem anderen.

Jesus sprach ständig vom *»Königreich der Himmel« (Matthäus 3,2)*, das im Begriff ist, anzubrechen. Von einer höheren Realität, in der Gott regiert. Während auf dieser Erde noch vieles passiert, was nicht im Einklang mit Gottes Willen ist, erwarten wir den Tag, an dem nur noch der Wille Gottes geschieht und sein Reich anbricht. So lehrt Jesus auch beten: *»Dein Reich komme, dein Wille geschehe wie im Himmel, so auf der Erde« (Matthäus 6,10)*. Doch damit nicht genug. Wer an Jesus glaubt und durch Taufe und Bekehrung *»von Neuem geboren ist«*, der kann das Reich Gottes sehen *(Johannes 3,3)*. Durch Jesus haben wir sogar einen Platz in dieser geistlichen Realität bekommen:

Auch uns, die wir in den Vergehungen tot waren, (hat er) mit dem Christus lebendig gemacht – durch Gnade seid ihr errettet! Er hat uns mitauferweckt und mitsitzen lassen in der Himmelswelt in Christus Jesus.

(Epheser 2,5-6; ELB)

Wichtiger Hinweis: Hier wird nicht gesagt, Jesus werde uns einen Platz im Himmel geben, sondern dass wir jetzt schon Zugang dazu haben. Deshalb kann der Verfasser des Hebräerbriefs auch dazu ermutigen:

Lasst uns also voll Zuversicht hingehen zum Thron der Gnade, damit wir Erbarmen und Gnade finden und so Hilfe erlangen zur rechten Zeit.
(Hebräer 4,16)

Wir können und sollen also direkt vor Gottes Thron kommen. Oder anders gesagt: Mein Sohn Samuel hat recht!

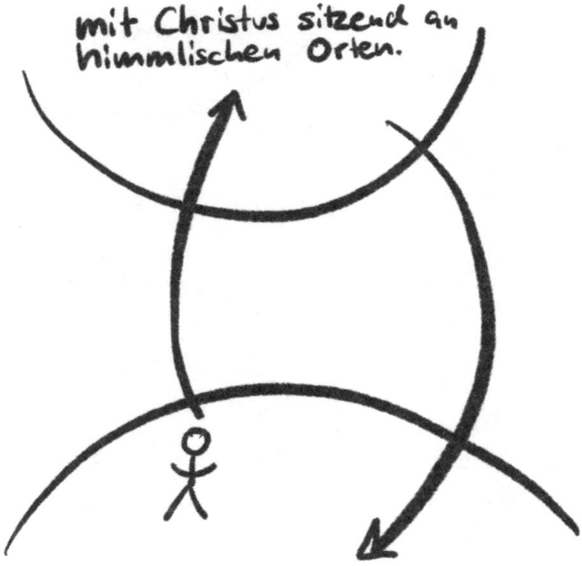

In den ersten fünf Kapiteln dieses Buches und den Übungen dazu ging es darum, Gott in der Realität, im Hier und Jetzt zu begegnen. Diese Schritte sind wichtig, damit das Gebet nicht zu einer reinen Kopfangelegenheit wird, sondern in der Wirklichkeit verankert ist. Doch zu dieser Wirklichkeit gehört auch die geistliche Ebene. Um sie besser wahrnehmen zu lernen, helfen uns innere Bilder.

Eine der wichtigsten Fähigkeiten des Menschen ist sein Vorstellungsvermögen. Sportler wissen es: Wenn der Skiläufer den Abfahrtslauf perfekt absolvieren möchte, muss er die Strecke vorher in seinem Kopf unzählige Male gefahren sein. Er muss sie visualisieren. Was in unserem Kopf abläuft, welche Bilder dort herrschen, das ist also von entscheidender Bedeutung.

Vielleicht hat Gott dem Menschen die Fähigkeit zur Imagination und zum Visualisieren geschenkt, um Zugang zu geistlichen Dingen zu bekommen, die unsere irdischen Augen nicht sehen können. Denn die geistliche Realität ist uns nur mit einem ganz besonderen Sinnesorgan zugänglich: den Augen des Glaubens. Wie ist mein Sohn Samuel nun auf die Idee gekommen, mit diesen Augen des Glaubens zu schauen?

Einmal im Jahr findet »MEHR« statt, die Konferenz des Gebetshauses. Unsere Kinder sind begeisterte Teilnehmer der parallel stattfindenden Kinderkonferenz. Dieses Jahr hatte das Team unserer Mitarbeiter die großartige Idee, den Thronsaal Gottes, über den in der Offenbarung des Johannes geschrieben steht, nachzubauen. Erst lächelte ich über den großen goldenen Sessel auf der Bühne, den Boden aus Alufolie und die gemalten Engel. Doch an Samuels verändertem Gebetsleben wurde mir klar: Visuelle Vorstellungen haben Macht und beeinflussen das Glaubensleben direkt! Tatsächlich gibt uns die Bibel höchst anschauliche Bilder von der himmlischen Realität. Ihre Bedeutung kann nicht überschätzt werden. Es handelt sich um das, was ewig gilt. Alles, was wir auf Erden sehen, besteht nur für eine bestimmte Zeit. Unser eigenes Leben bestenfalls für Jahrzehnte, Gebäude für Jahrhunderte. Doch hier lesen wir von einer Realität, die ewig bleibt.

Die geistliche Realität ist uns nur mit einem ganz besonderen Sinnesorgan zugänglich: den Augen des Glaubens.

Wörtlich steht da:

Danach sah ich: Eine Tür war geöffnet am Himmel; und die Stimme, die vorher zu mir gesprochen hatte und die wie eine Posaune klang, sagte: Komm herauf und ich werde dir zeigen, was dann geschehen muss. Sogleich wurde ich vom Geist ergriffen. Und ich sah: Ein Thron stand im Himmel; auf dem Thron saß einer, der wie ein Jaspis und ein Karneol aussah. Und über dem Thron wölbte sich ein Regenbogen, der wie ein Smaragd aussah. Und rings um den Thron standen vierundzwanzig Throne und auf den Thronen saßen vierundzwanzig Älteste in weißen Gewändern und mit goldenen Kränzen auf dem Haupt. Von dem Thron gingen Blitze, Stimmen und Donner aus. Und sieben lodernde Fackeln brannten vor dem Thron; das sind die sieben Geister Gottes. Und vor dem Thron war etwas wie ein gläsernes Meer, gleich Kristall. Und in der Mitte, rings um den Thron, waren vier Lebewesen voller Augen, vorn und hinten. Das erste Lebewesen glich einem Löwen, das zweite einem Stier, das dritte sah aus wie ein Mensch, das vierte glich einem fliegenden Adler. Und jedes der vier Lebewesen hatte sechs Flügel, außen und innen voller Augen. Sie ruhen nicht, bei Tag und Nacht, und rufen: Heilig, heilig, heilig ist der Herr, der Gott, der Herrscher über die ganze Schöpfung; er war und er ist und er kommt.

Und wenn die Lebewesen dem, der auf dem Thron sitzt und in alle Ewigkeit lebt, Herrlichkeit und Ehre und Dank erweisen, dann werfen sich die vierundzwanzig Ältesten vor dem, der auf dem Thron sitzt, nieder und beten ihn an, der in alle Ewigkeit lebt. Und sie legen ihre goldenen Kränze vor seinem Thron nieder und sprechen: Würdig bist du, unser Herr und Gott, Herrlichkeit zu empfangen und Ehre und Macht. Denn du bist es, der die Welt erschaffen hat, durch deinen Willen war sie und wurde sie erschaffen.
(Offenbarung 4,1-11)

Manche dieser Bilder sind vielleicht befremdlich. Doch fest steht: Der himmlische Thronsaal ist ein ziemlich eindrucksvoller Ort. Und alles dreht sich um den Mittelpunkt: Gott.

In der folgenden Übung verwenden wir unsere Vorstellungskraft. Es ist absolut okay und sogar sehr hilfreich, sein ganzes Leben im inneren Bewusstsein zu leben, dass es diese höhere Realität gibt. Dass Gott real und gegenwärtig ist. Und dass er auf dem Thron sitzt. Deshalb ist es auch so schlimm, wenn wir unseren visuellen Arbeitsspeicher im Kopf mit Bildern anfüllen, die negativ sind. Denn was wir durch die Augen hineinlassen, das prägt unser Innen. Pornografische Bilder sind für viele Menschen heute normal. Doch sie sind alles andere als harmlos. Nicht nur macht Pornografie abhängig und wirkt beziehungszerstörend[2], es füllt die Imagination auch mit Bildern von unechten, missbräuchlichen Taten. Das Gleiche trifft für Gewalt- und Horrorfilme sowie einen Großteil der Videospiele zu. Was einmal im Gehirn abgespeichert ist, bleibt in der Regel sehr lange dort, gerade, wenn es sich um visuelle Daten handelt.

Es soll hier nicht darum gehen, Medien zu verteufeln. Doch die Imagination hat große Kraft. Und das Beste, was du damit machen kannst, ist, sie dafür zu nutzen, deinem Herzen einen festen Anker in Gott zu geben.

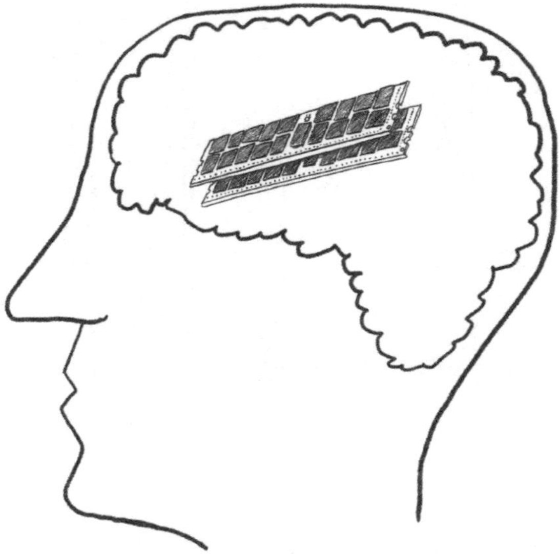

2 vgl. Rammler, Christina: Egosex, SCM-Verlag 2015.

Übung

In dieser Übung kannst du dein visuelles Vorstellungsvermögen nach ganzer Lust und Laune ausleben. Hier ist eine Skizze des alttestamentlichen Tempels:

Wenn ein Israelit damals beten wollte, musste er verschiedene Stationen bzw. Bereiche im Tempel passieren. Viele davon waren nur den Priestern, eine sogar nur dem Hohepriester zugänglich. Seit Jesus gestorben ist und den Neuen Bund eingesetzt hat, in dem nicht mehr Tiere geopfert werden müssen, sondern sein Blut selbst uns von Sünden reinwäscht, haben wir alle im Geist direkten Zutritt in die Gegenwart Gottes. Die vorgestellten Stationen des Tempels können uns helfen, mit allem, was uns ausmacht, zum Vater zu kommen. Und so geht die Übung: Ich erkläre jeweils eine Station, danach schließt du die Augen und stellst sie dir vor und wie du dort betest. Und dann geht es zur nächsten. Du bestimmst das Tempo.[3]

3 Die Idee, so zu beten, bekam ich als Teenager durch einen Vortrag von David Yonggi-Cho aus Südkorea.

Vorhof

Wer in den Tempel wollte, betrat zunächst einen äußeren und dann einen inneren Vorhof. Der Weg verlief also von außen nach innen.

Im Vorhof verlässt man den alltäglichen Bereich und betritt den heiligen, für Gott reservierten Raum.

Altar

Auf einer erhöhten Plattform im Vorhof der Priester stand ein großer Altar aus Bronze. Durch die darauf dargebrachten Opfer wurde das Volk im Alten Testament von seinen Sünden gereinigt. Das war aber nur eine Vorausschau auf das wahre und einmalige Opfer. Als Jesus am Kreuz starb, hat er dich von deinen Sünden reingewaschen. Gott wohnt in unzugänglichem Licht. Aus eigener Kraft könnten sündige, sterbliche Menschen es nicht vor ihm aushalten. In Gottes Gegenwart können wir nur treten, weil Jesus uns dies durch sein Blut ermöglicht hat.

Stell dir ein Kreuz auf dem Altar vor und betrachte es. Du kannst hier einige Minuten darüber nachdenken, was Jesus für dich getan hat und ihm dafür danken. Das Staunen über das Wunder der Erlösung sollte uns nie abhanden kommen.

Ehernes Becken

Bevor die Priester ihren Dienst im Heiligtum verrichten konnten, mussten sie sich in einem großen Wasserbecken waschen.

Auf einer Wasseroberfläche erblickt man sein eigenes Spiegelbild.

Jetzt ist der Moment gekommen, Gott zu bitten, das von dir wegzunehmen, was dich von ihm trennt. Das können Sünden sein, die dich noch belasten, oder auch einfach Sorgen und Stress. Zögere nie, Gott ganz konkret zu bitten, dich reinzuwaschen. Es gibt keinen perfekten Menschen. Und Gott hat kein Problem damit, wenn wir mit all unserer Schwäche zu ihm kommen. Doch mach es konkret.

Siebenarmiger Leuchter

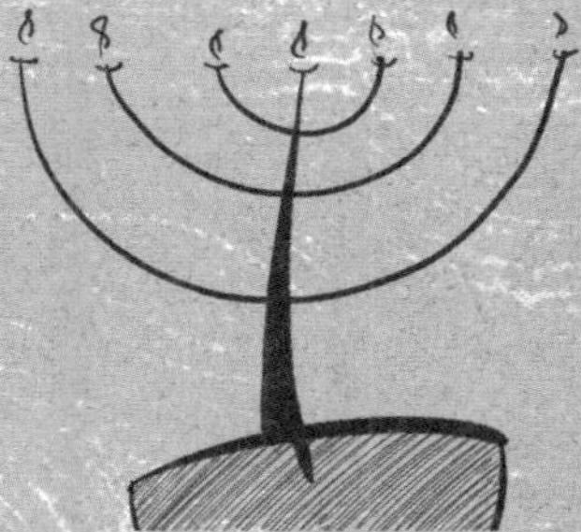

Du betrittst das eigentliche Heiligtum, ein hohes, mit Gold umkleidetes Gebäude. Im Inneren dieses mit Schnitzwerk reich verzierten Raumes brennen sieben Öllampen auf einem großen Goldleuchter. Sie symbolisieren den Heiligen Geist.

Der Heilige Geist ist unser Helfer im Gebet und das Licht für unsere Augen. Mach dir seine Gegenwart bewusst (vielleicht auch mit Hilfe der Atemübung aus Kapitel 5), danke ihm dafür und bitte ihn, dich im Gebet zu leiten.

Schaubrote

Im Heiligtum wurden auf einem bestimmten Tisch Brote ausgelegt. Eine mögliche Erklärung ist, dass sie an Gottes Versorgung des Volkes Israel in der Wüste erinnern sollten. Jesus betonte, dass der Mensch nicht vom Brot allein lebt, sondern von jedem Wort aus Gottes Mund *(Matthäus 4,4)*. Er selbst nannte sich das Brot des Lebens *(Johannes 6,35)*.

An dieser Stelle kannst du Gott um ein Wort für den Tag bitten. Horche in dich hinein: Vielleicht kannst du erahnen, was Gott dir heute sagen will. Eine andere gute Idee ist es, an dieser Stelle eine kurze Passage aus dem Neuen Testament oder den Psalmen zu lesen.

Weihrauchaltar

Das ganze Innere des Heiligtums war von Weihrauch erfüllt, denn der Weihrauchaltar brannte bei Tag und Nacht. Er ist ein Sinnbild für den Lobpreis Gottes, der vor seinem himmlischen Thron niemals verstummt.

Nun ist die Zeit für Lobpreis gekommen. Das kannst du tun, indem du mit eigenen Worten Gott dafür preist, wie er ist. »Gott, du bist treu!« Alternativ kannst du natürlich auch singen. Lobpreis hat massive Auswirkungen, weil er den Fokus unserer Aufmerksamkeit weg von den Problemen hin auf Gott wendet. Sollten dir die Worte dafür ausgehen, wie Gott ist, findest du ganz viele Anregungen in den Psalmen.

Allerheiligstes

Ein schwerer Vorhang trennte das Heiligtum von einer kleinen Kammer am hinteren Ende des Gebäudes: dem Allerheiligsten. In diesem geheimnisvollen, dunklen Raum stand die Bundeslade aus Gold. Hier offenbarte sich im Alten Bund die herrliche Gegenwart Gottes. Nur einmal im Jahr durfte der Hohepriester an diesen Ort gehen. Als Jesus am Kreuz starb, zerriss der Vorhang und der Weg in das Allerheiligste steht seither jedem frei, der an Jesus glaubt!

In diesem geheimnisvollen Raum herrscht tiefes Schweigen. Du stehst einfach in der Gegenwart Gottes und genießt seine Gegenwart und seine Liebe.

Du entscheidest selbst, wie lange du deine »Zeit im Tempel« ausdehnen möchtest und wann du wieder zurück in deinen Alltag musst.

7
Blicke.

Der Star der Klasse bin ich nicht gerade. Keiner von den ganz coolen Fußballer-Jungs, die schon einen Roller haben. Eher der Schmächtige, der gut in Latein ist. Und jeden Morgen halte ich kurz die Luft an, wenn ich das Klassenzimmer betrete. Wie werden die anderen auf mein Outfit reagieren?

Ich denke nämlich immer, etwas ganz Normales anzuhaben. Zum Beispiel trage ich einen weiten Pulli mit roter Schrift drauf, dazu eine Jeans. »Hi«, murmle ich in die Runde und gehe zu meinem Platz. Auf einmal spöttische Blicke von verschiedenen Seiten, die zwei Mädchen am Fenster verziehen die Nase. »Wie siehst du denn heute aus?«, fragt mein Banknachbar. Doch die meisten Mitschüler sagen nichts, sie schauen nur. Was ist denn los?, schießt es mir durch den Kopf. Ein Blick an mir hinab: Was sieht an mir komisch aus? Ist es meine neu ausprobierte Gelfrisur oder der alte Pulli? Am nächsten Morgen ist mein Ziel, so unauffällig wie möglich auszusehen. Nur keine doofen Kommentare oder Blicke mehr.

Das Thema mit den Blicken lässt mich lange nicht los. Was sieht peinlich aus und was ist cool? Welche Blicke ernte ich, wenn ich etwas Bestimmtes tue? Wenn ich mich oft in der Schule melde und mitarbeite, nickt mir der Lehrer anerkennend zu. Doch aus der linken Ecke des Klassenzimmers verächtlich hochgezogene Augenbrauen und das gezischte »So ein Streber«. Finden die Jungs mich witzig, denken die Mädchen, ich sei albern. Egal, wie man es macht, irgendwer sieht einen immer doof an.

Später beginne ich, damit zu spielen, und ziehe mir bewusst die schrägsten und eigenartigsten Klamotten an. Warum nicht gelbkariertes Hemd und grüne

Hose über das viel zu weite T-Shirt? Und warum kein indisches Stirnband über die langen Haare? Und natürlich knallpinke Schnürsenkel in die türkisen Chucks. In einer Mischung aus Punk und Hippie wird es meinem Kumpel und mir das höchste Ziel, provozierende Blicke auf uns zu ziehen. Das gelingt auch ganz gut, wenn man einen spanischen Sombrero trägt. Unter tausend grauen Mäusen sollte man sich an mein völlig verrücktes Outfit noch erinnern. Mit verfilzten Locken, grellbunten Schlabberhosen, zwei Jacken übereinander und Ketten um den Hals fühlte ich mich wohl. Na ja, wenn man rückblickend sieht, wie die Kelly Family oder Kurt Cobain damals rumliefen – es waren eben die 90er.

Heute bin ich froh, dass es aus dieser Zeit nicht mehr viele Fotos von mir gibt. Damals aber fühlte ich mich endlich frei, weil ich für mich klargemacht hatte, dass mir die Blicke der anderen egal waren. Sollten die Lehrer doch denken, was sie wollten! Sollten meine Mitschüler doch tuscheln! Ich war einfach nur so, wie ich sein wollte. Leider stimmte das aber nicht ganz. Das wurde mir irgendwann bewusst. Ich stand vor dem überquellenden Kleiderschrank und war ratlos. Was sollte ich anziehen? Angeblich haben Frauen dieses Problem öfter ... Wühlte unter den Tüchern und legte jedes wieder zurück. Vielleicht dieses Hemd? Nein, das war mir zu wenig verrückt. Aber ... ich dachte doch, ich sei spontan und kümmerte mich nicht darum, wie etwas aussieht? Auf einmal dämmerte es mir: Ich zog nicht nur das an, was mir selbst gefiel, sondern ich spielte noch immer das gleiche Spiel, nur mit veränderten Vorzeichen. Wollte ich früher nicht auffallen oder modisch-schick aussehen (Levi's 501-Jeans und Benetton-Sweatshirt), so ging es jetzt darum, möglichst schräg zu wirken. Es war mein Ziel, entrüstete Blicke auf mich zu ziehen. Und darin war ich noch immer gefangen in der gleichen Reaktion.

Blicke. Die scheinen auch für Jesus ein wichtiges Thema zu sein. Und zwar eines, das er ganz an den Anfang seiner ersten öffentlichen Predigt stellt, sobald er über Gebet spricht. Es ist also die erste große Predigt Jesu und das Erste, was er zum Thema Gebet sagt. Was könnte das sein? Zu meinem Erstaunen entdeckte ich: Jesus spricht darüber, wo man beten soll. Nun glaubt so ziemlich jeder Christ, dass man eigentlich überall beten kann. Gerade die Frage nach dem Wo sollte doch eigentlich unerheblich sein, oder nicht? Doch es scheint Jesus um etwas anderes zu gehen. Er sagt:

Wenn ihr betet, macht es nicht wie die Heuchler. Sie stellen sich beim Gebet gern in die Synagogen und an die Straßenecken, damit sie von den Leuten gesehen werden. Amen, das sage ich euch: Sie haben ihren Lohn bereits erhalten. Du aber geh in deine Kammer, wenn du betest, und schließ die Tür zu; dann bete zu deinem Vater, der im Verborgenen ist. Dein Vater, der auch das Verborgene sieht, wird es dir vergelten.
(Matthäus 6,5-6)

Die Pointe dieser Stelle ist nicht, dass der eine Ort zum Beten besser ist als der andere. Die Frage, um die es Jesus geht, lautet: Wer sieht dir dabei zu? Vor wessen Augen geschieht das? Unter wessen Blick stehst du?

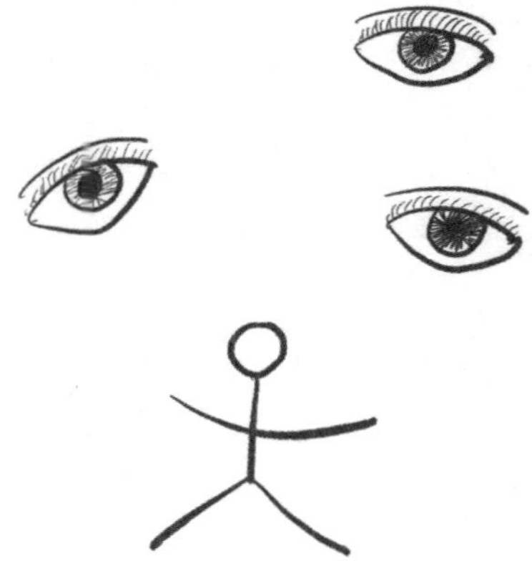

Die Frage, unter welchem Blick man steht, ist eine der tiefen Herzensfragen. Und zwar eine, die schon sehr früh beginnt. Babys reagieren bereits auf die Blicke der Mama, wenn sie noch nicht einmal sprechen können. Sie spüren, ob jemand sie sieht und wie sie angesehen werden. Die Bindungsforschung kann auf eindrucksvolle Weise zeigen, wie ein kleines Kind an den Blicken der ersten Bezugsperson die Wirkung des eigenen Verhaltens lernt und im Gehirn dabei sogar besondere »Spiegelneuronen« ausbildet, die ihm helfen, die Gefühle anderer zu verstehen und Beziehungen einzugehen. Für ein Kind ist das Gefühl, gesehen und mit den eigenen

Empfindungen wahrgenommen zu werden, lebensnotwendig. Ein Baby spürt also die Blicke der Mutter und des Vaters. Im Laufe des Lebens kommen noch weitere dazu. Die Blicke vielleicht der Geschwister, der Erzieher, von Lehrern und Freunden. Schließlich auch die bereits erwähnten Blicke der Klassenkameraden, der Arbeitskollegen.

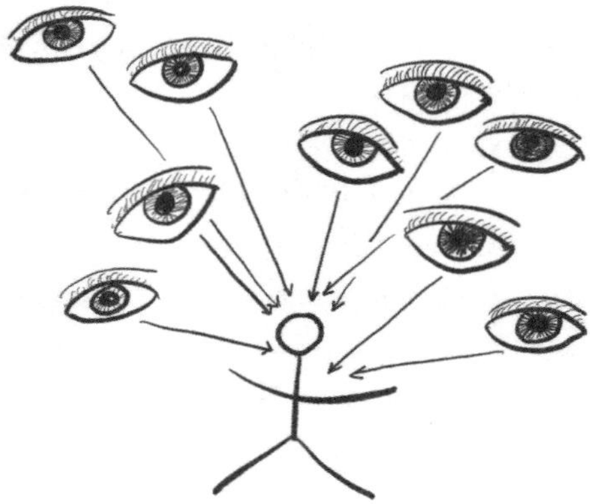

Schon früh lernen Kinder auch, dass es freundliche, ablehnende und desinteressierte Blicke gibt. Unbewusst gewöhnt sich jeder Mensch an, sich so zu verhalten, dass man möglichst wenig ablehnende und möglichst viel freundliche Beachtung erfährt. Das Problem ist, dass all die Blicke mit unterschiedlichen Erwartungen verbunden sind. Der Lehrer will, dass ich gut aufpasse, doch bei den Mitschülern bekomme ich Anerkennung, wenn ich der Klassenkasper bin. Viele Menschen können die Erwartungen der anderen förmlich spüren. Das Gefühl, von Blicken beobachtet und bewertet zu werden, kann sich regelrecht zu einem permanenten Erwartungsdruck ausweiten. Und das Gemeine ist: Man spürt diese Blicke auch, wenn die Menschen selbst gar nicht da sind, vielleicht nicht einmal mehr leben. Es gibt nicht wenige, die noch immer verzweifelt versuchen, die Bestätigung in den Augen ihres Vaters zu erhaschen, obwohl dieser schon tot ist …

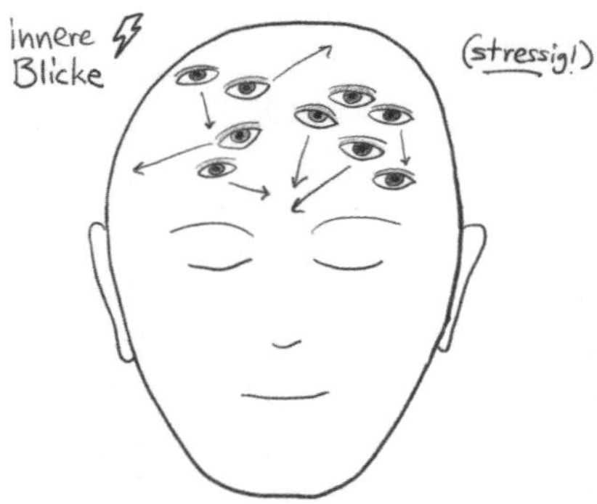

Ein solcher Lebensstil ist zutiefst unfrei. Doch er ist unglaublich weit verbreitet. Er tritt in ganz unterschiedlichen Spielarten auf:

- sich mit anderen vergleichen
- sich minderwertiger fühlen als andere
- sich besser fühlen als andere
- besser sein müssen als der Rest
- der ständige Blick in den Spiegel
- die Überzeugung, immer alles falsch zu machen und es keinem recht machen zu können
- der permanente Versuch, es jedem recht zu machen
- aus Menschenfurcht etwas nicht tun, was man eigentlich tun will oder soll ...

All das sind Spielformen einer grundsätzlichen Lebenshaltung. Es ist das Leben unter dem Blick der Menschen. In der biblischen Erzählung von Adam und Eva lesen wir, dass das Problem mit den Blicken ziemlich exakt in dem Moment begann, als ihre Beziehung mit Gott in die Brüche ging. *»Da gingen beiden die Augen auf und sie erkannten, dass sie nackt waren«* (1. Mose 3,7).

Eine eigenartige Vorstellung, dass Adam und Eva vorher nie bemerkt haben sollen, dass sie keine Kleidung anhaben ... Dass »sie erkannten, dass sie nackt waren«, reicht tiefer: Auf einmal ertrugen sie es nicht mehr, einfach so zu sein, wie sie waren. Sie begannen sich zu verstecken, zu verkleiden. Und bald darauf schob Adam die Schuld des ganzen Desasters auf Eva. Eva wiederum beschuldigte die Schlange und das gegenseitige Anschuldigen hat in der Menschheitsgeschichte seither nicht aufgehört. Jesus lebte und lehrte ein radikal anderes Modell. Es war überhaupt

Ihre Energie, ihre Bestätigung und ihre Autorität empfangen Jesus wie auch Paulus nicht von Menschen, sondern von Gott.

nicht sein Ziel, vor Menschen gut dazustehen. *»Meine Ehre empfange ich nicht von Menschen« (Johannes 5,41)*, sagte er und meinte damit, dass Lob und Anerkennung in den Augen der Menschheit keine Motivation für ihn waren. Nicht anders Paulus: *»Geht es mir denn um die Zustimmung der Menschen, oder geht es mir um Gott? Suche ich etwa Menschen zu gefallen? Wollte ich noch den Menschen gefallen, dann wäre ich kein Knecht Christi« (Galater 1,10)*. Was für eine radikale Aussage! Es ist nicht sein Ziel, von Menschen gelobt zu werden! Ihre Energie, ihre Bestätigung und ihre Autorität empfangen Jesus wie auch Paulus nicht von Menschen, sondern von Gott. Doch wie kann man lernen, so zu leben?

Im Leben Jesu gibt es einen entscheidenden Moment. Als er sich in der Wüste von Johannes taufen lässt, öffnet sich der Himmel über ihm. Eine Stimme erschallt: *»Du bist mein geliebter Sohn, an dir habe ich Gefallen gefunden« (Markus 1,11)*. Jesus spürt das Wohlgefallen des Vaters. Und seither lebt er allein unter seinem Blick. Diese Lebenshaltung können auch wir einüben. Und Jesus selbst zeigt uns wie. *»Du aber geh in deine Kammer, wenn du betest, und schließ die Tür zu; dann bete zu deinem Vater, der im Verborgenen ist. Dein Vater, der auch das Verborgene sieht, wird es dir vergelten« (Matthäus 6,6)*. Jesus spricht vom Lohn, von dem, was

der Vater uns vergilt. Der Vergleichspunkt sind hier die Heuchler, deren Lohn es ist, von Menschen gesehen zu werden. Doch welche Belohnung wartet auf den, der Gott im Verborgenen sucht? Er wird den liebenden Blick des Vaters spüren. Es ist eine zutiefst befreite Lebensweise, ohne Druck und voller Kraft. Es ist das Leben in der Gegenwart Gottes.

Eine absolut revolutionäre, einfache Tatsache: Gott ist gegenwärtig! Er sieht dich! Und das gilt nicht nur für die Gebetszeit, sondern für jeden Moment des Tages. Wer das verstanden hat, für den ist kein Alltag mehr geistlos und kein Job der Welt mehr stumpfes Schuften. Wie sähe dein Arbeitsalltag aus, wenn du jeden Moment in dem Bewusstsein verbringen würdest, dass Gott dich sieht? Und dass dieser liebende Blick des Vaters dein Lohn ist?

Gott ist gegenwärtig! Wer das verstanden hat, für den ist kein Alltag mehr geistlos und kein Job der Welt mehr stumpfes Schuften.

Du könntest aufhören, dich mit anderen zu vergleichen, nach der Anerkennung anderer zu gieren, dich unter Druck setzen und kontrollieren zu lassen. Genau ein solches Leben ist die Berufung jedes Christen. Doch es beginnt mit einer konkreten Zeit am Tag, in der es eingeübt wird. Diese Zeit nennt man Gebet.

Übung

Vielleicht merkst du erst jetzt, dass gewisse Blicke dich ständig begleiten, selbst wenn du allein bist. Für die Übung heute ist es wichtig, dass du einen Platz suchst, wo wirklich niemand dich sehen kann. Schließe dann die Augen und versuche zu spüren, welche inneren Blicke es in deinem Leben gibt. Wem versuchst du zu gefallen? Wessen Ansprüche und Erwartungen sitzen dir im Nacken? Wessen Bewertung ist dir wichtig? Kannst du diese Blicke einer Person zuordnen?

Nimm dann einen Stift zur Hand und male ein Bild wie das auf S. 64. Du kannst die Augen entweder mit dem Namen einer Person beschriften oder mit der Rolle, die sie in deinem Inneren spielt. Es kann nämlich ganz unterschiedliche Beobachter geben:

- den inneren Antreiber. Eine Stimme in dir, die zu immer mehr Leistung antreibt und der es nie gut genug und schnell genug ist.
- den inneren Verkläger. Ein verächtlicher Blick, der dich beschämt und verurteilt.
- den inneren Analytiker. Ein innerer Blick, der alles, was du tust, genau beobachtet, kommentiert, seziert und aufs Kleinlichste überprüft.
- den inneren Miesmacher. Eine Stimme in dir, die alles schlechtmacht und abwertet.
- den inneren Zyniker/Spötter. Ein sarkastischer Blick, der nichts gelten lässt und nichts ernst nimmt.

Natürlich sind das alles keine real anwesenden Personen. Doch im Leben vieler Menschen sind solche »inneren Blicke« und inneren Bewerter erstaunlich fest installiert. Die entscheidende Erkenntnis ist zunächst: Keiner dieser Blicke stammt von Gott. Er ist nicht der Antreiber, nicht der Verkläger, nicht der eiskalte Analytiker. Er ist der Vater, der ins Verborgene sieht und es belohnt. Ein liebender, präsenter Vater, der sein Kind ermutigt und erzieht. Und dem nichts entgeht, sondern dessen Aufmerksamkeit sogar das belohnt, was alle Menschen übersehen.

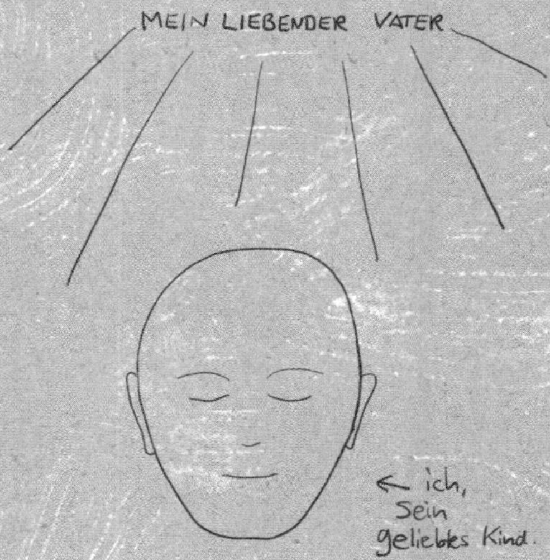

Die Übung besteht nun ganz schlicht darin, innerlich aus den anderen Blicken herauszutreten und sich unter den Blick des Vaters zu stellen. Hier arbeitest du am besten wieder mit einer konkreten bildhaften Vorstellung. Stelle dir die Szene vor: Du stehst in einer Gruppe von Menschen, die Augen der anderen Ruhen auf dir. Vielleicht kannst du die einzelnen Blicke bestimmten Personen zuordnen. Und vielleicht spürst du jetzt sogar die Erwartungen und Meinungen dieser Leute und die Kontrolle, die sie über dein Leben ausüben. Halte dir nun jedoch vor Augen, dass du nicht so leben musst. Du kannst heute ein Leben unter dem Blick Gottes wählen. Stelle dir vor, wie du aus dem Zwielicht all der anderen Blicke heraus unter das helle Licht des Blickes Gottes trittst. Kannst du spüren, wie dieser Blick der Annahme und Liebe auf dir ruht? Wenn nicht, wiederhole den Schritt des Heraustretens ruhig mehrmals. Aus dem Dunkel, unter den warmen Lichtkegel eines hellen Spotlights. Unter diesem Blick gibt es dann nichts Besonderes zu tun. So wie man am Strand die Sonne einfach auf die Haut scheinen lässt, so verändert allein die Zeit unter Gottes Blick. Knospen blühen auf unter den Strahlen der warmen Frühlingssonne. Und das Herz des Menschen wird heil, ganz und liebend unter den Augen des Vaters. Bist du unter diesem Blick angekommen, kannst du solange verweilen, wie du möchtest. Doch verlasse diesen Ort nicht zu schnell. Dies ist der Ort der Freiheit. Der Ort, an dem du du selbst wirst.

8
Kapitulation.

Antipasto misto und dazu ein herber Weißwein. Es werden noch zwei zusätzliche Stühle gebraucht, denn das kleine Ristorante ist schon übervoll. Wenn Italiener einander etwas zurufen, klingt es immer, als würden sie sich beschimpfen. Junge Herren in eng geschnittenen Anzügen begrüßen Damen im besten Alter, die große Hüte mit ebenso großer Selbstverständlichkeit tragen. Und es kommen immer noch mehr.

»Das ist Professor Hellmann[4]«, tuschelt eine Gruppe frischgebackener Akademiker hier ganz in der Nähe der Uni München. Ich bin eingeladen zur Antrittsvorlesung mit anschließender Feier eines jungen Professors eines naturwissenschaftlichen Faches, das nicht meines ist. So finde ich mich nun plötzlich wieder inmitten einer feuchtfröhlich feiernden Menge wissenschaftlicher Koryphäen. Denn hier habe sich, so wird dem Unkundigen schnell erklärt, alles versammelt, was Rang und Namen hat. Hier Professor soundso, da ein Rektor, dort der Leiter einer bedeutsamen Forschungseinrichtung. Auf den ersten Blick fällt er mir noch nicht einmal auf. Eine mittelgroße, schmächtige Gestalt im modischen, grauen Anzug, die runde Nickelbrille unterstreicht feine Gesichtszüge. Das, so flüstert man mir zu, sei er. Umringt von interessierten Zuhörern, seinen Worten lauschend. Und das da sei der Doktorvater und Förderer des jungen Professors, der heute installiert wurde. Und nicht nur das. Gründer und langjähriger Leiter des Instituts, Träger unzähliger Preise und internationaler Auszeichnungen, weltberühmter Forscher und unbestrittener Meister seines Faches. Ehrfurchtsvolle Blicke rings um ihn her.

4 Name geändert.

Die Hauptspeise wird serviert. Unter lauten italienischen Rufen schieben schwitzende Kellner dampfende Teller voll Saltimbocca zwischen die Gäste. Chianti aus Karaffen und immer fröhlichere Stimmung. Das Sakko bereits abgelegt und die Krawatte gelöst, setzen sich die Koryphäe und der junge Professor schließlich an unseren Tisch. Gratulierendes Prosit vom altehrwürdigen Hochadel der Wissenschaft. Und lockeres Gespräch. Schließlich ergreift der berühmte Forscher das Wort. Wie froh er sei, dass sein jüngerer Schüler seine Anregungen so ernst genommen und – ganz wie er es vorausgesagt habe – zu einem erfolgreichen Ende geführt habe. Dass die Förderung durch einen Doktorvater ja doch das Wichtigste einer wissenschaftlichen Laufbahn sei. Und die Ergebnisse des zum Professor erkorenen jungen Forschers als Bestandteil und Frucht seiner eigenen Theorien gelten dürften.

Ein wenig befremdet von dieser Betonung eigener Verdienste zieht der junge Professor das mittlerweile deutlich rotweinverstärkte Gespräch ins Kumpelhafte. Es sei schon klar, dass der Ältere der bessere und berühmtere Forscher sei. Keine Frage. Doch beim Tennis sei der alte Professor ihm doch meistens noch unterlegen gewesen. Amüsiertes Auflachen und zustimmendes Nicken von allen Seiten. Völlig erstarrte Miene plötzlich jedoch beim Angesprochenen. Energischer Widerspruch. Das sei ganz entschieden anders gewesen. Lediglich bei einem einzigen Spiel beim Institutsausflug letzten Sommer habe er verloren. Ansonsten immer, teilweise sogar mit deutlichem Vorsprung gewonnen. Der Junge nimmt's locker. Na ja, ob es wirklich so gewesen sei, dürfe dahingestellt bleiben. Doch jetzt mit rotem Kopf und deutlich verärgerter Miene der alte Professor: Es sei schlicht unverschämt und in jeder Hinsicht vermessen, zu behaupten, er habe im Tennis verloren. Schließlich trainiere er häufig und mit größtem Elan.

Peinlich berührt bemühen sich die anderen Tischgäste schnellstmöglich um einen Themenwechsel. Und noch bevor die Profiteroles und der Espresso gereicht werden, ist beste Laune wiederhergestellt. Alleine einer kann sich nicht mehr so recht freuen an der Feier des ganz neu ernannten Professors. Mit säuerlicher Miene und unsteten Blicken nippt an seinem Grappaglas der Begründer der Fakultät, der langjährige Leiter des Instituts, Träger unzähliger Auszeichnungen, der international geachtete Wissenschaftler.

Diese etwas erheiternde Geschichte ist mir tatsächlich so passiert. Und sie ließ mich ziemlich ratlos zurück. Erst als ich wieder in der U-Bahn zurück saß, konnte ich in Worte fassen, was mich eigentlich so irritiert hatte. Da war ein zweifelsfrei höchst berühmter Professor zu einer Feier eingeladen. Zwar hatte er zum Zustandekommen dieser Feier durchaus etwas beigetragen, war er doch der Lehrer und Förderer des jungen Forschers gewesen, doch streng genommen ging es an diesem Abend nicht um ihn. Es war eben die Party für jemand anders. War sein Verhalten schon eigenartig gewesen, als er so bemüht war, die eigene Bedeutung herauszustreichen, wurde es wirklich lächerlich, als es um das Tennisspiel ging. War es für diesen bedeutenden Mann tatsächlich so unerträglich, dass er im Sport nicht so gut war wie der viel jüngere Schüler? Das Verhalten, ja, die ganze Lebenshaltung dieses großen Akademikers schien völlig von sich selbst eingenommen zu sein. Er schien in all seinem Denken und Sprechen nur um sich selbst zu kreisen.

Kapitulation. Es gibt etwas, das sich ergeben, also kapitulieren muss, wenn man beten lernen will. Das Kreisen um sich selbst … Was an einem so krassen Beispiel wie der obigen Szene grotesk und bizarr anmutet, bezeichnet eigentlich eine Tendenz, vor der kein Mensch gefeit ist. Wie viele der eigenen Gedanken kreisen um uns selbst! Wie ich wohl heute gewirkt habe? Was andere über mich denken?

Welche Pläne und Träume ich verfolge, wie ich zu meinem Recht komme, was ich jetzt brauche und eigentlich will – es ist ernüchternd zu beobachten, wie viel in unserem Inneren eigentlich nur ein Kreisen um uns selbst ist. Im normalen Alltag fällt das wenig auf. In Beziehungen schon eher. Bei Gesprächen wie dem im vierten Kapitel beschriebenen zwischen Ellen und Klara zum Beispiel. Wer kennt nicht solche Ellens, die scheinbar immer nur von sich reden. Wer nur einige Minuten still ist, ja, wer versucht zu beten, der wird schonungslos damit konfrontiert. Der Mensch kreist um sich selbst.

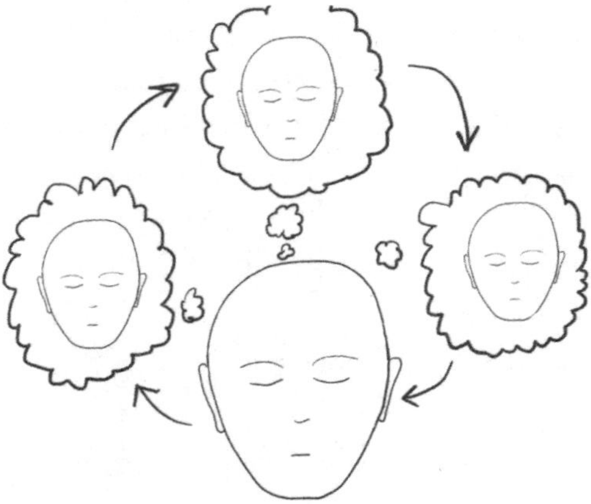

Ein paar Beispiele aus einer möglichen Gebetszeit, in der man eigentlich unter dem Blick Gottes stehen oder das wahrnehmen will, was im Hier und Jetzt ist, aber doch eigentlich nur mit sich beschäftigt ist:

- Ich denke an meine Ziele und Pläne. Vielleicht bete ich sogar, dass Gott sie segnen möge. Doch es geht letztlich um meine Absichten und um meinen Willen.

- Gefühle des Selbstmitleids kommen hoch. Es ist gemein, wie das Leben mit mir umgeht. Allen anderen geht es besser als mir. Mein Leben ist ein einziges Versagen. Und beim Gedanken an all das, was mir nicht gelingt, denke ich nur an mich.

- Plötzlich gesellt sich Selbstanklage dazu. Das mit dem Gebet klappt nicht richtig. Ich werde ungeduldig mit mir selbst. Denn scheinbar kreist alles nur darum, was ich richtig oder falsch mache. Ich.

- Tagträume und Grübeleien entführen mich auf eine einsame Insel oder in die Vergangenheit, wo alles noch schön war. Doch eigentlich weiche ich der Gegenwart Gottes im Hier und Jetzt aus und hänge fest in – meinen Träumereien.

- Zur Ruhe kommen ist schwer. Denn sofort kommen Gedanken daran, was ich noch tun muss, in mir hoch. Was noch auf mich wartet. Das, was ich alles zu erledigen habe, scheint von unvorstellbarer Wichtigkeit. Schließlich hängt alles – an mir?!

- Ich werde mit dem Gebet unzufrieden. Sollte das alles nicht schneller gehen? Und überhaupt kann ich mich kaum konzentrieren. Gebracht hat es mir auch nichts. Mir hat es nicht geholfen, also kann es ja nicht sinnvoll sein.

Dem Kreisen um sich selbst begegnet jeder, der zu beten beginnt. Und genau hier beginnt die Veränderung. Denn die Selbstzentrierung ist der große Feind der Liebe. Das Gebet wiederum ist der große Abschied von der Selbstzentrierung. Deshalb ist es auch die große Schule der Liebe.

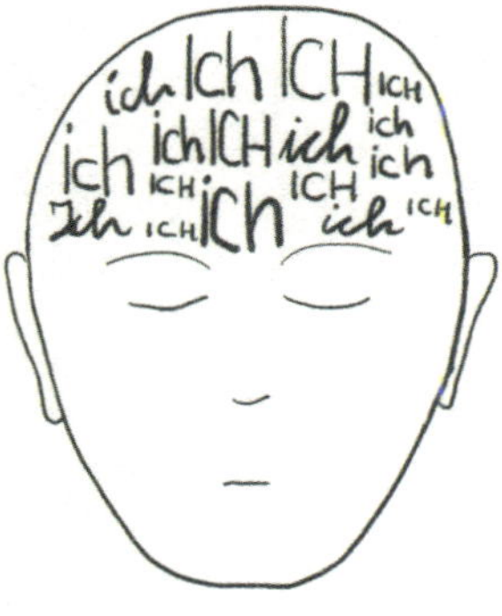

Die Selbstzentrierung ist der große Feind der Liebe. Das Gebet wiederum ist der große Abschied von der Selbstzentrierung.

Übung 1

Allein die Erkenntnis, wie selbstzentriert wir leben, ist schon heilsam. *Jesus ist nicht für die Gesunden gekommen, sondern für die Kranken (Matthäus 9,12).* Und wer weiß, dass er ein Problem hat, ist der Heilung schon bedeutend näher. Im Gebet schlicht unter den Blick Gottes zurückzukommen, nachdem man erkannt hat, dass man schon wieder nur um sich selbst kreist, ist eine heilsame Schule der Demut. Es geht im Gebet auch nicht um Perfektion, sondern darum, sich zu schenken. Das bedeutet aber, dass es nicht an mir ist, die Qualität meines Gebets zu bewerten. Bin ich am Ende meiner Gebetszeit unzufrieden über das »Ergebnis«, ist auch das ein Zeichen meiner Selbstzentriertheit. Und deshalb ist die erste Übung dieses Kapitels eine, die am Ende jeder Gebetszeit stehen sollte: Gib die Zeit an den Herrn zurück und überlasse ihm das Bewerten. Das kannst du mit einem ganz einfachen Gebet tun, das in etwa so klingen kann: »Herr, heute habe ich nichts gespürt und fühle mich, als sei das Beten sinnlos gewesen. Ich schenke dir jetzt diese Zeit und will sie nicht bewerten. Ich habe es aus Liebe zu dir getan und nicht für mich. Danke, dass ich dir diese Zeit anvertrauen darf.« Ob es leicht- oder schwerfiel, ob es große Gefühle gab oder keine: Es geht nicht um mich, es geht um ihn.

Übung 2

Die zweite Übung, die entscheidend gegen unsere Selbstzentriertheit gerichtet ist, stammt von Jesus selbst. Auf die Frage, wie man denn nun beten solle, antwortet Jesus mit dem »Vaterunser«. Alles in diesem Gebet ist eine Abwendung vom Ich und eine Hinwendung zu ihm.

Die Übung heute beinhaltet, das Vaterunser Abschnitt für Abschnitt langsam zu beten und dabei innerlich zu vollziehen. Lies zunächst die Erklärungen, danach kannst du loslegen.

Vater unser im Himmel

Das Gebet beginnt mit dem Blick auf den Vater. Der Wahrnehmung seiner Gegenwart. Der himmlischen Realität, der ich im Hier und Jetzt begegnen kann. Am Anfang steht schon die Wendung vom Ich zum Du. Es geht um ihn, den Vater im Himmel, zu dem Jesus uns den Weg geöffnet hat.

Geheiligt werde dein Name

Die erste Bitte und das erste Anliegen des Beters ist: »Dein Name soll groß gemacht werden!« Du sollst groß dastehen, du sollst die Nummer 1 in meinem Leben und in der ganzen Welt sein. »Das ist mir heilig« sagen wir zu Dingen, die uns über alles gehen. Er selbst ist das höchste Ziel und das, worum es eigentlich geht.[5]

Dein Reich komme

Du sollst herrschen! Bevor ich um irgendetwas bitte, muss klargestellt werden, dass Gott der Herr über alles sein soll.

Dein Wille geschehe, wie im Himmel so auf Erden

Dein Wille geschehe auch in meinem Leben. Diese Bitte ist eine echte Kapitulation. Wir können sie nur deshalb gefahrlos aussprechen, weil wir wissen, dass Gott ein liebender Vater ist. Deshalb ist sein Wille immer vollkommen und unendlich viel besser als alles, was wir für uns selbst ersehnen und planen könnten.

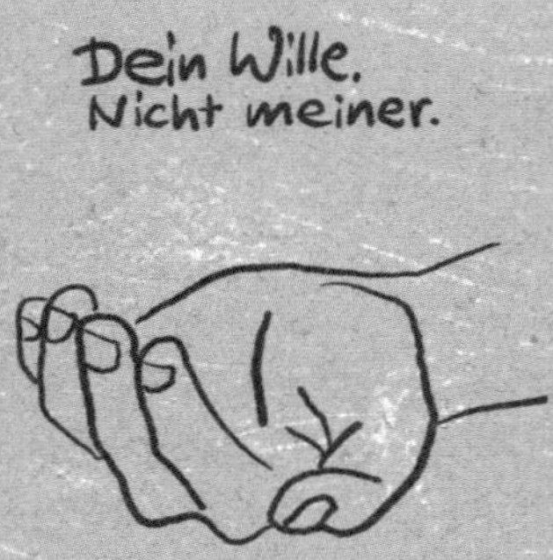

5 Dieser Gedanke wird vertieft in Hartl, Johannes: Gott ungezähmt, Herder 2016.

Unser tägliches Brot gib uns heute

Du weißt, was ich brauche. Ich vertraue dir, dass du mich versorgst. Vielleicht nicht im Vorhinein für die nächsten zwanzig Jahre. Doch Tag für Tag. Und vielleicht nicht mit allem, was ich mir erträume, aber mit dem, was ich wirklich täglich brauche. Darum kann ich voll Vertrauen bitten.

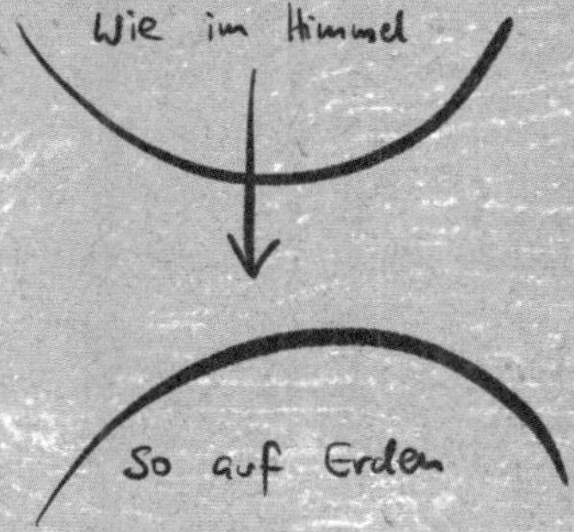

Und vergib uns unsere Schuld

Viele Menschen finden sich selbst ziemlich gut, wenn sie ehrlich sind. Nach dem Motto: Ich habe niemanden umgebracht und gehe auch nicht fremd, ein großer Sünder bin ich also nicht. Die biblische Sicht auf den Menschen ist da deutlich realistischer. Jeder hat Bereiche in seinem Leben, die nicht in Ordnung sind. Das Problem ist aber, dass man blinde Flecken hat. Wer diese Bitte ausspricht, lässt die Muster der Selbstrechtfertigung los. Er überlässt es Gott, ihn zu beurteilen, und erkennt demütig an, dass er Gnade braucht.

Wie auch wir vergeben unseren Schuldigern

Unsere Weigerung, anderen zu vergeben, zeigt, wie sehr wir um uns selbst kreisen. Doch nur wer anderen vergibt, tritt heraus aus der Endlosschleife von Selbstmitleid und Anschuldigung. Dem anderen vergeben bedeutet nicht, das geschehene Unrecht zu verleugnen. Es ist eine schlichte Anerkennung, dass man selbst nicht ohne Fehler ist und dies deshalb auch anderen zugesteht. Und die Entscheidung, nicht in Vorhaltungen und Bitterkeit zu verharren.

Und führe uns nicht in Versuchung, sondern erlöse uns von dem Bösen

Die Pointe dieser Bitte ist nicht, dass es Gottes Absicht wäre, uns zu versuchen. Sie ist ein demütiges Bekenntnis, dass man verführbar ist. Jeder Mensch ist zu bedeutend mehr Bösem fähig, als er oder sie selbst wahrnimmt. Aus eigener Kraft sind wir weder im Widerstehen besonders gut noch darin, uns aus bösen Verstrickungen zu befreien. Gott aber ist ein großer Erlöser. Er kann uns sowohl in der Versuchung bewahren als auch aus bösen Angewohnheiten und gefährlichen Situationen erretten.

Bete das Vaterunser im Bewusstsein dieser Wahrheiten. Danach bleibt nur noch eines: die Erinnerung daran, dass es nicht auf Perfektion ankommt. Wie gut diese Übung geklappt hat, ist nicht entscheidend. Wichtig war der Entschluss, auf ihn zu blicken und nicht auf dich selbst. Je öfter das in der persönlichen Gebetszeit geschieht, desto größer werden die Auswirkungen auf dein ganzes Leben sein. Ob sich wirklich etwas verändert hat, merken deine Mitmenschen hoffentlich. Zum Beispiel daran, ob du zuhörst oder nur voll bist mit den eigenen Gedanken.

9
Traffic.

Nein, das ist kein Nebel, das ist Rauch. Und nein, das ist auch nicht das Wetter, sondern nur irgendjemandes Idee, irgendwo Müll zu verbrennen. Oder einfach ein paar Hunderttausend Motor-Rikschas zu viel auf zu wenig Platz. Ohne Abgasfilter, versteht sich. Mein erstes hautnahes Erlebnis mit dem Verkehr in Bombay wird mir in der Erinnerung nicht so schnell verblassen. Okay, der Verkehr in Kairo, Bangkok oder Chicago ist auch nicht zu verachten. Doch überall dort fehlt dieses gewisse Etwas an indischem Chaos, das dem Wahnsinn die paar besonderen Grad zusätzlicher Curryschärfe verpasst. Überall und an allen Ecken die Armut, das Elend, der Dreck, in dem Menschen ihr tägliches Leben meistern müssen. Grundsätzlich gilt natürlich: Wozu eine Ampel, wenn es auch eine Hupe gibt? Überleben im indischen Verkehr ist mit denkbar jedem Fahrzeug möglich, so es denn eine Hupe besitzt. Ein quer umgekippter Lastwagen auf der Straße? Eine seelenruhig über die Fahrbahn trottende heilige Kuh? Oder einfach nur eine Kurve? Gehupt kann immer und aus praktisch jedem Anlass (oder dem Fehlen desselben) werden.

Zu dritt sitzen die Damen hinten auf die schmale Rückbank der winzigen Rikscha gepresst. Ich selbst habe mich links neben den Fahrer gequetscht und alle Hände voll zu tun, mich so festzuhalten, dass ich in den Kurven nicht aus der rasselnden Blechkiste geschleudert werde. Über eine dreckige Nebenstraße in eine Unterführung, in geradezu tollkühner Geschwindigkeit. Hupend in eine Horde anderer, ebenso hupender Rikschas einmündend. Wie eine jagende Hundemeute schießt eine ganze Traube lärmender gelber Minitaxis auf die breite Hauptstraße zu, bunt bestickte Schleier und Gliedmaßen der Passagiere vorne und hinten herausbaumelnd. Auf der großen Kreuzung ist an ein Weiterkommen nicht mehr zu denken. Von allen Seiten Autos, Eselkarren, Fahrräder, Kühe, Lastwagen. Von Hand bemalte farbige Tanklastwagen, von stoisch dreinblickenden Treibern berittene Eselkarren, kleine Autos japanischer Bauart und von alledem viel zu viel. Ein einziges Gehupe, Geschreie, Geschiebe unter der südindischen Staubhitze. Jedes Fahrzeug scheint in exakt die Richtung zu streben, in der ein ganzer Konvoi anderer Fahrzeuge den Weg versperrt.

Wie wir mit unserer Rikscha über diese Kreuzung kommen, ist mir im Nachhinein nicht ganz klar. Doch der bärtige Fahrer neben mir spuckt seine orange Betelnuss-Spucke neben sich auf die Straße, hupt mehrmals und fährt einfach mitten hinein in das Durcheinander. Irgendwie fädeln und schlängeln wir uns durch. Als wäre das Chaos noch nicht vollkommen, sehe ich jetzt mitten auf der Kreuzung einen Polizisten mit einem Rohrstock in der Hand und einem beigen Tropenhelm auf dem Kopf mit dem Versuch beschäftigt, den Verkehr zu regeln. Er bläst unablässig in eine Trillerpfeife, doch worin der ordnende Effekt dieser Maßnahme besteht, erschließt sich mir nicht. Wieder stockt jede Bewegung. Unter lauten Rufen schieben sich Straßenverkäufer zwischen die Autos und bieten Nüsse und selbsthaftende Sonnenblenden für Autos feil (warum auf einer solchen Kreuzung?). Eine ruckartige Beschleunigung drückt mich plötzlich zurück in den Sitz und ich muss den Griff meiner Finger um das Gestänge des kleinen Fahrzeuges verstärken, um nicht herauszufallen. Vor uns hat sich eine kleine Verkehrslücke aufgetan und diese will schnell ausgenutzt sein. Nun taucht ein Tempel links vor uns auf. Das pinke, dem Elefantengott Ganesha geweihte kleine Gebäude wurde mit grünen und roten Plastikgirlanden geschmückt. Aus Lautsprechern dringt ohrenbetäubend laut rasselnde und bimmelnde Musik zu Ehren des Gottes, über die eine durchdringend säuselnde Frauenstimme schwebt.

»How you like India, Sir?« Mit zahnlückigem Grinsen wendet sich der turbangeschmückte Fahrer zuerst an mich und dann nach hinten.

Guter Mann, denke ich mir, schau doch auf den Verkehr! »It's lovely, it really is«, stottere ich. Als er endlich vor unserem Hotel anhält, krame ich eine verknitterte Rupiennote aus der Tasche und steige aus. Einmal mehr dankbar dafür, noch am Leben zu sein. Voller Vorfreude auf ein paar erholsame Stunden, die uns jetzt im zehnten Stock des ruhigen Hotels am Stadtrand erwarten. Zuerst duschen. Klimaanlage. Endlich Stille. Vor dem Fenster breiten sich grüne Hügel aus, weit unter uns rechts die Ausläufer der Stadt mit ihren unzähligen Wellblechsiedlungen. Eine Tasse Tee. Bis zum Vortrag heute Abend bleiben noch einige Stunden. Stunden, in denen ich Zeit mit Gott verbringen und mich vorbereiten will. Hier wird mich niemand stören. So setze ich mich auf meinen Knieschemel, schließe die Augen und beginne zu beten. Ein paar tiefe und erleichterte Atemzüge.

Doch dann auf einmal: Gehupe. Das Vibrieren des Motors unter mir. Der Lärm der Straße, die süßlichen Patschuli-Schwaden von Räucherstäbchen, verzerrtes Getrommel aus übersteuerten Lautsprechern. Bombay ist wieder da. In größter Deutlichkeit auch: all die Gesichter der Frauen, die mit schweren Wasserkanistern vom Brunnen kommen, mit ihren bunten, wallenden Gewändern und den Blicken wie Königinnen, obwohl sie arm wie Bettler sind. Die großen Augen der Kinder mit ihren verlausten Haaren und lumpigen Kleidern. Das Gefühl der Hilflosigkeit beim Anblick all der menschlichen Schicksale. Die verstörende Durchmischung mit all der Energie, dem Tempo, dem Durcheinander und dem Schmutz dieser schier unendlichen Stadt.

Obwohl jetzt Ruhe ist, ist in mir keine Ruhe. Obwohl ich dem Chaos der Stadt entflohen bin, ist mein Inneres voller Geräusche. Bombay ist in mir.

Traffic. Jeder Beter kennt es und es ist eine Lektion, die niemals abschließend gelernt ist. Erst wenn wir versuchen, ruhig zu werden, spüren wir, wie unruhig wir sind. All die Beschäftigungen und Sorgen des Tages, alle Eindrücke, die noch nachwirken, werden auf einmal laut, wenn die Stille kommt. Untertags dringt vieles davon nicht einmal ins Bewusstsein vor. Doch wie tief sich Bilder eingegraben haben, wie sehr ein Konflikt innerlich noch schwelt, wie getrieben und wie gestresst man eigentlich ist, all das spürt man, wenn man versucht, ruhig zu werden und zu beten.

Der »Traffic« ist in mir. Und deshalb gibt es kein Gebetsleben, das nicht mit Ablenkungen zu kämpfen hätte. Das vielleicht schon als Trost oder Ernüchterung vorweg. Ablenkungen verschwinden nie völlig, auch wenn man noch so lange dranbleibt. Doch es gibt entscheidende Unterschiede, wie man damit umgeht.

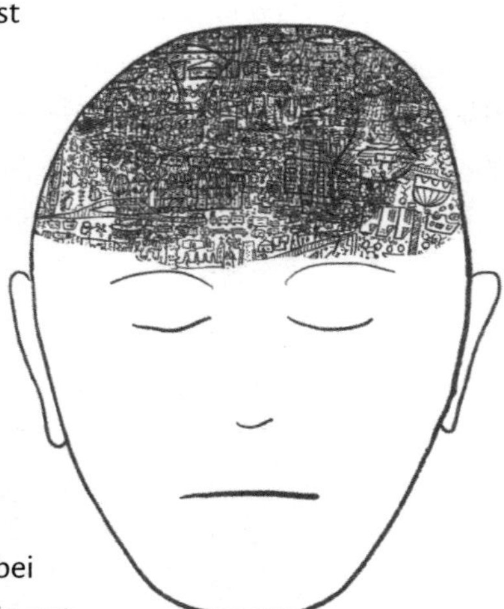

Die erste und bedeutende Erkenntnis ist schlicht die: Wir sind abgelenkt. Es ist beschämend und entlarvend, zu erkennen, wie sehr die Dinge »im Außen« auch »im Innen« nachwirken. Beginnt man zu beten, so ist es, als werfe man einen Blick in den eigenen Kopf. Und all das, was man in den Tagen zuvor dort hineingeworfen hat, ist drin. Da gibt es zunächst die normalen Dinge des Alltags. Dass ich noch die Reifen wechseln und bei Tante Anna anrufen muss – das fällt mir erst jetzt ein, wo ich zu beten versuche. Tante Anna habe ich vielleicht schon Jahre nicht mehr angerufen, doch auf einmal erscheint es mir von höchster Dringlichkeit. Ein zwischenmenschlicher Konflikt wirkt noch nach und rumort im Herzen. Der morgige Tag mit all seinen Problemen kommt mir sorgenvoll in den Sinn. Neben den Angelegenheiten des Alltags jedoch suchen wir uns noch zusätzlich Ablenkungen und füllen damit das Gehirn: die Nachrichten mit allen globalen Krisen der Menschheit, die Informationen in sozialen

Netzwerken, die Musik, die fast Tag und Nacht an allen Ecken ertönt, die Werbung, die Bilder in Filmen und Zeitschriften und Videospielen.

Die Flut an Eindrücken muss noch nicht einmal per se schlecht oder »verboten« sein. Doch sie hat Einfluss auf unser Herz. Jesus vergleicht das menschliche Herz einmal mit einem Ackerboden, auf dem Gutes von Gott wachsen kann. Leider gibt es dort jedoch auch Dornen, die hochwachsen und die Saat ersticken können.

Was könnten nun solche Dornen sein, die das Wachstum von Gottes Wort im Menschen verhindern? Vielleicht denkt man zuerst an große und schlimme Dinge. Doch stattdessen sagt Jesus: *»In die Dornen ist der Samen bei dem gefallen, der das Wort zwar hört, aber dann ersticken es die Sorgen dieser Welt und der trügerische Reichtum und es bringt keine Frucht«* (Matthäus 13,22).

Was also sind die Dornen? Es sind die Sorgen dieser Welt und der Reichtum – das Geld. Nun ist Geld nichts Schlechtes, es kommt nur darauf an, was man damit macht. Sorgen sind an sich auch natürlicher Bestandteil des Lebens, aber wir sollten sie nicht wild wuchern lassen. Denn nachdem meine Familie und ich seit einigen Jahren einen kleinen Garten vor unserem Haus haben, habe ich etwas gelernt: Unkraut muss man nicht gießen. Dornen wachsen von alleine! Wenn man nichts dagegen unternimmt, dann überwuchert das Unkraut den ganzen

Wenn man will, dass Gottes Wort im Herzen wächst, braucht es entschiedene Schritte. Und manchmal auch die Heckenschere.

Garten! Dieses Bild lässt sich auch auf den »inneren Garten« übertragen. Von alleine nehmen Sorgen, Gedanken an Materielles (Geld) und Ablenkungen immer weiter zu. Von alleine wachsen die Dornen, man muss sie nicht gießen. Doch wenn man will, dass Gottes Wort im Herzen wächst, braucht es entschiedene Schritte. Und manchmal auch die Heckenschere.

Traffic im Kopf ist normal, doch er verhindert Begegnung. Eines Tages war Jesus mit seinen Jüngern zu Gast bei Maria und Marta, mit denen ihn eine herzliche Freundschaft verband. Maria setzte sich zu den Füßen Jesu und hörte ihm zu. Marta aber war völlig gestresst und damit beschäftigt, die Gäste zu bewirten. Sie war so sehr in Aktion, dass sie keine Zeit für Jesus selbst hatte. Dessen Wort an sie ist erstaunlich klar:

»Marta, Marta, du machst dir viele Sorgen und Mühen. Aber nur eines ist notwendig. Maria hat das Bessere gewählt« (Lukas 10,41-42)! Damit meinte Jesus nicht, dass es falsch war, dass Marta für ihn sorgen wollte. Sondern er sagte: In jeder Beziehung braucht es Zeit, wo man einander einfach nur Aufmerksamkeit schenkt. So wie eine Ehe ohne zweckfreie Zeit zu zweit nicht gedeihen kann, so kann die Beziehung zu Jesus ohne Zeit »zu seinen Füßen« nicht wachsen. Der Tag, an dem es nichts zu tun gibt oder keine Ablenkungen mehr da sind, wird nie kommen. Es wird immer genügend Gründe geben, sich im Aktivismus zu verlieren. Doch dann geht die Tiefe und die Schönheit des Lebens verloren. Die wahre Quelle ist immer die Gegenwart Jesu.

Doch wie sollen wir konkret mit Ablenkungen umgehen? Was kann man tun, wenn die Gedanken immer abschweifen? Eine Möglichkeit wäre, sie aktiv »abzuschalten«. Kommt ein Gedanke, schickt man ihn weg. Das Problem an dieser Methode ist, dass man sich ständig mit den Ablenkungen selbst beschäftigen muss.

Eine ziemlich mühselige Angelegenheit. Eine solche Gebetszeit gleicht dem berühmten Computerspiel »Moorhuhnjagd«. Der Beter hält ständig Ausschau nach auffliegenden Ablenkungen, um sie dann mit seiner gedanklichen Schrotflinte abzuschießen.

Diese Methode ist wenig hilfreich. Denn die Gedanken kommen immer wieder, und je mehr Aufmerksamkeit man auf ihre Bekämpfung verwendet, desto mehr Aufmerksamkeit hat man ihnen selbst schon geschenkt. Es gibt ein einfacheres, eleganteres Bild, das in eine andere Richtung weist. Stell dir vor, du säßest an einem Flussufer. Auf dem Fluss kommen große und kleine Schiffe vorbei. Jedes von ihnen trägt den Namen einer Ablenkung. Am Horizont des Bewusstseins taucht so zum Beispiel auf einmal das Schiff »Einkaufsliste für morgen« auf oder »Dachisolierung«. Oder irgendein anderes Thema. Die natürliche Tendenz besteht nun darin, auf das Schiff aufzuspringen und aktiv über dieses Thema nachzudenken. Also: im Kopf die Einkaufsliste durchzugehen und zu überlegen, was man vielleicht vergessen hat. Oder darüber zu grübeln, wie man das Problem mit dem Dach in den Griff bekommen könnte. Ist man einmal auf das Schiff aufgesprungen, kostet es etwas Mühe und Zeit, wieder von Bord zu gehen. Ehe man sich versieht, hat man sich zehn Minuten in irgendwelchen Überlegungen verloren oder vor sich hingegrübelt, doch ist der Begegnung mit Jesus ausgewichen.

Nun gibt es eine andere Möglichkeit, mit den vorbeifahrenden Schiffen umzugehen. Ganz wichtig: Bekämpfen musst du sie nicht. Das kannst du auch gar nicht. Sie dürfen ruhig kommen und gehen. Doch sie sollen vorbeifahren. Du musst nicht aufspringen. Entspannt sitzt du am Ufer, Jesus neben dir. Nach der Gebetszeit wird genug Gelegenheit sein, die Themen durchzudenken. Doch jetzt ist »nur eines nötig«. Manchmal kann es helfen, auf einem Blatt Papier kurz das Thema aufzuschreiben und es dort »abzulegen«. So weiß unser Unterbewusstsein, dass die Frage nicht vergessen ist, auch wenn das entsprechende Schiff vorbeiziehen darf.

Übung 1

Leider braucht man etwas Zeit, bis im Inneren Ruhe einkehrt. Deshalb ist die heutige Übung auch etwas herausfordernder. Sie steht und fällt damit, dass die Gebetszeit länger wird. Heute sollten es einmal 60 Minuten sein. Die bisherigen Übungen haben schon eine Reihe von Möglichkeiten aufgezeigt, wie diese Stunde gefüllt werden kann. Das Ankommen im Hier und Jetzt. Das Wahrnehmen. Das Beten in Stationen mit dem inneren Bild des Tempels oder mit den einzelnen Bitten des Vaterunsers. Das Ziel ist einfach, einmal tatsächlich eine ganze Stunde im Gebet zu verbringen. Die Herausforderung mit den Ablenkungen wird jetzt erst richtig spürbar werden. Doch mit Hilfe des Bildes von den vorbeifahrenden Schiffen ist es einen Versuch wert.

Grundsätzlich gibt es keine »vorgeschriebene« Zeit, wie lange man beten sollte oder muss. Doch als Menschen brauchen wir in der Regel eine gewisse Zeit, um uns wirklich in etwas fallen zu lassen. Niemand lässt sich beispielsweise ein warmes Schaumbad ein, um dann dreißig Sekunden zu baden. Oder verabredet sich zu einem romantischen Candlelight-Dinner und plant dafür sieben Minuten ein. Die entscheidende Frage ist nicht, wie lange man beten »muss«, sondern wie lange man braucht, um innerlich im Hier und Jetzt anzukommen und aus den Ablenkungen herauszutreten. Die heutige Übung ermutigt dich: Versuche es einmal mit einer Stunde.

Übung 2

Das Maß an Ablenkungen, denen man im Gebet begegnet, hängt natürlich auch davon ab, wie vielen Ablenkungen man sich ganz allgemein aussetzt. Ein paar weiterführende Übungen wären einmal einen Versuch wert:

- Ein Tag ohne Medien. Kein Fernsehen, keine Musik, keine Zeitung und keine sozialen Netzwerke. Einfach mal ausprobieren.

- Urlaub ohne Internet. Für Menschen der jungen Generation tatsächlich kaum vorstellbar, doch überaus lohnend. Für ein Wochenende oder auch zwei Wochen ohne Handy, Computer und Internet verreisen. Ich habe es selbst schon versucht und habe überlebt. Es war toll!

- Autofahren ohne Radio und dem Kopf auf diese Weise etwas Zeit ohne Input gönnen.

- Die Zeit im Internet begrenzen und bewusst die letzte Stunde vor dem Schlafengehen medienfrei gestalten. Den Geist zur Ruhe kommen lassen und den Schlaf nicht mit einer Unsumme überflüssiger Bilder füllen.

- Einen Tag fasten. Der Verzicht auf Essen fokussiert das Herz und steigert den Hunger nach Gott. Und keine Sorge: Eine, zwei oder drei Mahlzeiten auszulassen ist keineswegs gesundheitsschädigend.[6]

---

6 Weitere Anregungen zum Fasten finden sich in: Hartl, Johannes: In meinem Herzen Feuer, SCM-Verlag 2014.

10 Skript.

Es bringt ja doch alles nichts. Erst jetzt spürt er die Erschöpfung der letzten Wochen, hier auf dem letzten Treppenabsatz. Es ist einfach nie gut genug, trotz aller Anstrengung. Frank wirft seinen Mantel in die Ecke, die Tür fällt ins Schloss. Es war ein viel zu langer Tag. Dabei hat er nicht so schlecht begonnen. Sogar ein kleines Gebet ist heute Morgen beim Kaffee dringewesen, und eine Bibelstelle. Das beschwingte Gefühl im Auto und die Erwartung des Meetings. Wie oft ist er seine Präsentation im Kopf durchgegangen. Hat sich für alle möglichen kritischen Fragen im Vorhinein gewappnet. Doch dann bereits im Aufzug. Allein Bogner schon zu begegnen mit seinem immerfort fröhlichen Lächeln. Dem schien einfach alles zu gelingen. Vertrieb halt, dachte Frank sich. Was mussten die schon können? Dagegen er selbst in der Entwicklung ...

Und dann die Eröffnung durch den Chef. Nahm er ihn überhaupt wahr? Als erste Präsentation des Tages ausgerechnet gleich die von Bogner. Meine Güte, dem schien das so leichtzufallen. Er stand einfach da und konnte das. Im Plauderton sein Bericht über den Stand der Händlerkontakte, die Pläne zur Optimierung des Kundendienstes. Das klang so einleuchtend, so souverän. Und natürlich flogen ihm wieder alle Herzen zu. Wie sie ihn schon ansahen! Dabei war er erst seit ein paar Monaten in der Firma. Nun, und dann kam Franks Präsentation dran. Seine in wochenlanger Arbeit mühsam zusammengetragenen Ergebnisse. Vorschläge für ein neues Produkt. Um genau zu sein: eine physikalisch leicht veränderte Materialzusammensetzung für die Oberfläche einer Bremse. Irgendwie überstand Frank die quälenden zehn Minuten. Danach sofort: kritische Rückfragen von der Produktion,

Einwände vom Chef selbst. Bedenklichkeiten vom Controller. Das war ja klar. An den einen Punkt hatte er tatsächlich nicht gedacht. Die Einwände des Chefs waren eher unbegründet. Die angesprochene Schwierigkeit bei der Umsetzung war ihm selbst schmerzhaft bewusst.

Kurz und gut: Die Präsentation ist durchgefallen, sein Projekt gestorben. Seine Arbeit umsonst gewesen. Typisch. Keine Ahnung, ob sein Job in der Firma überhaupt sicher ist. Die anderen sind einfach besser. Er hat es nicht drauf. »Murphys Gesetz« hatte ein Studienkollege das immer genannt: Alles, was schiefgehen kann, geht auch schief. Genau so fühlt Frank sich jetzt, als er seinen Mantel in die Ecke wirft und sich fragt, weshalb er sich überhaupt noch für irgendetwas anstrengt, wenn das Spiel doch einfach nur unfair ist und am Schluss nur junge Günstlinge wie Bogner die Lorbeeren ernten.

»Ja, der Tag war ganz okay, Schatz«, zwingt er sich zu einem mühsamen Lächeln, »und deiner?« Seine Frau Daniela und die beiden Töchter nehmen am Küchentisch Platz, ein kurzes Gebet und dann Chili con Carne. Wenigstens gutes Essen. Dann geht alles recht schnell. Wie aus einer geschüttelten Sektflasche sprudelt es aus Clarissa heraus. Seine Älteste sieht genauso aus wie Daniela damals, nur ist sie größer und hat noch mehr Sommersprossen.

»Mama und Papa, ich muss euch was erzählen«, beginnt sie mit funkelnden Augen. »Ich hab euch doch von Mila erzählt, die ich beim Sommercamp kennengelernt habe«, fährt sie fort, Gabel und Löffel noch in der Hand. »Wir haben gestern gechattet und ich hab sie gefragt, was sie eigentlich nach dem Abi macht. Und wisst ihr was? Sie geht nach Afrika! Da gibt es so eine Jüngerschaftsschule in Ruanda, die machen richtige Einsätze in den Busch und die gehen in die Dörfer und …« Clarissa legt das Besteck weg, das Essen scheint angesichts ihrer Begeisterung völlig vergessen. Frank und Daniela werfen sich einen kurzen, verunsicherten Blick zu.

»… Und jetzt willst du auch nach Afrika, oder?«, führt Frank ihren Satz fort. »Ausbildung ist erst mal nicht so wichtig, oder?«

»Na ja, ich denke mir, das ist eine super Chance! Seit Jahren mach ich fast nichts anderes, als für diese doofe Schule zu schuften, und jetzt will ich wirklich mal etwas für Gott tun!«

»Ich kann das ja verstehen«, schaltet sich Daniela nun ein, »aber muss es wirklich Afrika sein?«

»Weißt du, Clarissa, nicht alles im Leben geht so leicht. Heutzutage ist die Situation am Arbeitsmarkt kein Zuckerschlecken. Es wird einem nichts geschenkt!«, setzt Frank hinzu. Auf einmal muss er an seinen eigenen Tag in der Firma denken.

»Aber Papa, hast du nicht immer gesagt, dass Gottvertrauen wichtig ist?«, erwidert Clarissa nun ihrerseits etwas bestimmter.

»›Hilf dir selbst, dann hilft dir Gott‹, sag ich dir, mein liebes Mädchen. ›Es gibt da draußen zu viele Prinzen und Prinzessinnen, die nie gelernt haben zu arbeiten!‹«

»Aber ich will ja erst einmal herausfinden, was meine Berufung ist. Vielleicht soll ich ja in Afrika bleiben und Missionarin werden?«, so Clarissa zwischen Trotz und Flehen.

»Und dann von Luft und Liebe leben, oder wie?«, fragt Frank entsetzt.

»Oder von Gottes Versorgung? Mila hat erzählt ...«, doch Frank unterbricht sie:

»Das wirkliche Leben sieht anders aus. Es ist Fressen oder Gefressenwerden. Den Job, den du nicht bekommst, bekommt ein anderer. Da kannst du fromme Geschichten hören, so viel du willst, doch ein bisschen Realitätssinn wäre manchmal schon hilfreich!« Vor seinem inneren Auge jetzt überdeutlich: all sein Kämpfen, sein Rudern und sein Rennen die letzten Wochen. Er spürt bittereren Groll in seiner Kehle aufsteigen, während sich tiefe Furchen in seine Stirn graben.

»Aber wenn das nun mal mein Traum ist?«, schleudert ihm Clarissa voll Empörung entgegen.

»Dein Traum? Werde mal erwachsen! Das ist doch alles nichts weiter als reine Fantasie.« Frank wirft die Serviette auf den Tisch. Und mit ausgestrecktem Zeigefinger auf Clarissa deutend setzt er hinzu: »Merk dir eines: Im Leben ist auf nichts Verlass. Außer, dass alles, was schiefgehen kann, auch tatsächlich schiefläuft!«

Pause. Stille. Fassungslos und entsetzt starrt Clarissa ihren Vater an. »Weißt du eigentlich, was du da gerade gesagt hast?« Kopfschüttelnd, als könne sie es einfach nicht glauben, fragt sie: »Was ist nur aus dir geworden?« Sie springt auf und stürzt aus dem Zimmer.

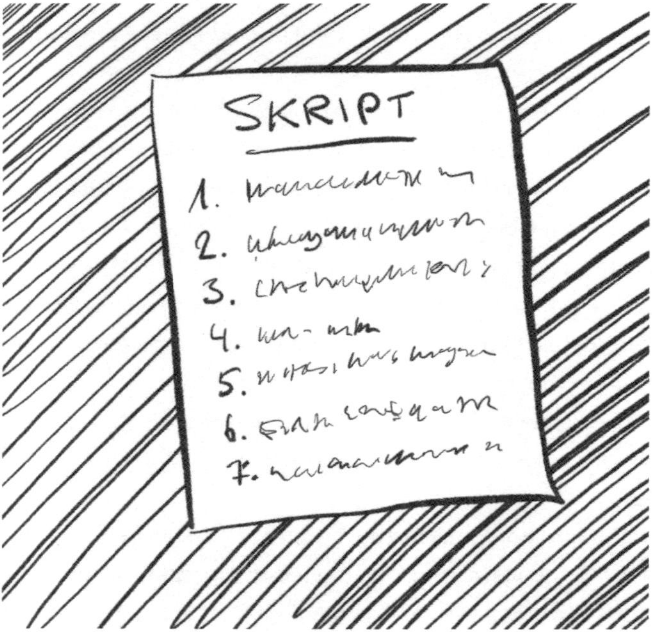

Skript. Das ist die Bezeichnung für einen vorgeschriebenen Ablauf. Es gibt zum Beispiel ein Skript für einen Vortrag oder auch ein Drehbuch für die Bühne. Es gibt aber auch innere Skripte. So jedenfalls nennen manche Psychologen tief sitzende Abläufe im Gehirn. Gedankenstrukturen. In der Regel begegnet man ihnen nicht direkt, sondern nur in einer bestimmten Situation. Erst als seine Tochter ihn über ihre Pläne im Ausland in Kenntnis setzt, wird sichtbar, welche Gedanken wie automatisch in Franks Kopf auftauchen. Es sind Gedanken und Glaubenssätze, die wir uns in der Regel schon recht früh angeeignet oder von unseren Eltern übernommen haben. Das Problem dabei ist, dass bei Weitem nicht alle diese Glaubenssätze der Wahrheit entsprechen. Auch Menschen, die wie Frank eigentlich Christen sind, begegnen in sich gedanklichen Skripten, die mitunter das glatte Gegenteil dessen besagen, was die biblische Wahrheit über Gott ist.

Was hat das mit Gebet zu tun? Alles. Denn gerade da tauchen solche Gedankenmuster auf. Erst wenn der äußere Lärm weicht, merkt man, was im Kopf so alles abläuft. Unsere inneren Skripte wirken zum Beispiel aus einer vorausgehenden Situation nach. »War ja klar, dass sich wieder kein Mensch für mich interessiert«, hallt es noch im Inneren, obwohl das peinliche Zusammentreffen mit den Verwandten schon längst vorbei ist. Genau hier kann das beginnen, was Paulus als wesentliches Element eines gesunden inneren Lebens bezeichnet: »*Wandelt euch durch die Erneuerung eures Denkens, damit ihr prüfen und erkennen könnt, was der Wille Gottes ist: Was ihm gefällt, was gut und vollkommen ist« (Römer 12,2; eigene Übersetzung).*

Diese Stelle verdient sorgfältige Betrachtung. Zunächst muss etwas geschehen, damit wir prüfen und erkennen können, was der Wille Gottes ist. Er ist also nicht automatisch immer das, was wir dafür halten. Nicht alles, was wir über Gott und seine Pläne denken, entspricht der Wahrheit. Um all das richtig einschätzen zu können, bedarf es einer inneren Verwandlung. Diese aber geschieht »durch die Erneuerung eures Denkens«.

Frank glaubt an Gott, doch sein inneres Skript ist voll mit Sätzen wie dem leistungsorientierten »Es ist nie gut genug«, dem verzagten »Es bringt ja doch alles nichts«, dem neidischen »Bei den anderen läuft es einfach« und dem zutiefst ungläubigen »Hilf dir selbst, dann hilft dir Gott«, das eigentlich besagt: Niemand hilft dir, du musst es selbst schaffen. Tatsächlich entscheidet sich in unseren Gedanken ständig, ob wir einem Skript des Glaubens oder des Unglaubens, des Dankes oder des Neides, des Lobpreises oder der Problemorientierung, des Vertrauens oder der Selbstversorgung folgen. Doch nun der Reihe nach.

Nicht alles, was wir über Gott und seine Pläne denken, entspricht der Wahrheit. Um all das richtig einschätzen zu können, bedarf es einer inneren Verwandlung.

Glaube vs. Unglaube

Jede Lebenssituation kann durch die Brille des Vertrauens auf Gott oder durch die der Weigerung zu vertrauen betrachtet werden. In jeder Lage kann der Glaube oder der Unglaube die Oberhand im Denken gewinnen. Allzu leicht schieben wir die Verantwortung auf die Umstände: Bei solchen Problemen oder umgeben von solch unangenehmen Menschen kann man ja gar nicht anders, als zu verzweifeln. Das jedoch ist eine Lüge. Zwar können wir die Umstände nicht immer nach Belieben verändern, doch wie unser Herz darauf reagiert, liegt immer in unserer Verantwortung.

Welche Sätze regieren in meinem Kopf über meine Arbeitsstelle, meine Frau, meine Kinder, das Leben allgemein? »Mein Chef ist unfair«, »Sie wird sich nie ändern«, »Dieses Kind ist einfach faul, aus dem wird nichts«, »Es geht alles bergab« sind Sätze, die den Unglauben an Gottes Fähigkeit zum Ausdruck bringen, die Situation zu verändern. Gott ist treu, hat gute Absichten und ist allmächtig!

Inwieweit prägt diese Wahrheit dein Denken in solch ganz konkreten Themen?

Dank vs. Neid

Es gibt immer gute Gründe, neidisch zu sein. Denn es dauert nicht lange, bis man Dinge entdeckt, die man nicht hat; bis man auf Menschen stößt, die beliebter, erfolgreicher, schöner, reicher sind als man selbst. Neid ist eine (übrigens in unserer Gesellschaft sehr verbreitete) Grundhaltung des Herzens, die alles vergiftet. Die Bibel berichtet, dass der erste Mord der Menschheitsgeschichte aus Neid geschah *(1. Mose 4,1-16)*. Das Problem ist, dass die Ursachen für den Neid niemals aus der Welt verschwinden werden. Es wird immer jemanden geben, der irgendetwas besser kann oder mehr hat. Neid frisst nicht nur das Wohlwollen zwischen Menschen auf, er zerstört auch die Freude an dem, was man selbst hat und kann.

Herrscht der Neid im Herzen, dann spiegelt er sich immer auch im »inneren Skript« wieder. Entsprechende Gedanken wird man leider nicht ohne Weiteres los, es bedarf einer echten Umkehr und Entscheidung dagegen. Als Nächstes gilt es, ein neues, gesundes Skript an die Stelle des alten zu setzen. Das Gegenmittel zum Neid ist die Dankbarkeit. Wer für das dankt, was er hat, erkennt, dass es nicht selbstverständlich ist. Er lenkt seinen Fokus weg von dem, was er nicht hat, hin zu dem, woran er sich erfreuen kann. Er richtet seine Aufmerksamkeit auf die Güte und Großzügigkeit Gottes und weg vom Mangel. Baue deshalb Gedanken der Dankbarkeit in dein Denken ein (»Danken« und »Denken« gehören nämlich zusammen)! Das hilft dabei, das Herz vom Neid zu befreien.

Auf welche Menschen blickst du neidvoll? Welche guten Dinge beachtest du nur selten? Welchen Personen oder Aspekten in deinem Leben könntest du mehr dankbare Aufmerksamkeit und dankbare Gedanken zuteil werden lassen?

Lobpreis vs. Problemorientierung

Es gibt Situationen im Leben, wo ein Problem so übermächtig wird, dass man an nichts anderes mehr denken kann. Doch auch ohne das eine Riesenproblem kreisen unsere Gedanken nicht selten einen Großteil unserer Zeit um Negatives. Die inneren Augen der Aufmerksamkeit sind gefesselt von der Größe und Bedeutung eines Konflikts, einer Sorge, einer Schwierigkeit. Alles dreht sich um ein Thema. Gebet allgemein ist aber die Abwendung des menschlichen Herzens vom Kreisen um sich selbst und hin zu Gott (siehe auch Kapitel 8). Lobpreis heißt sagen, wie Gott ist. Ihn zum Mittelpunkt der Aufmerksamkeit machen. »Gott ist allmächtig« bedeutet eben auch konkret: Kein Problem ist größer als er. »Gott ist gut« bedeutet: Kein Umstand kann die Tatsache ändern, dass es einen guten Plan für mein Leben gibt.

Wovon bist du mehr beeindruckt: von Gott oder deinem Problem? Das Matthäusevangelium erzählt eine berührende Geschichte zu eben diesem Thema. Die Jünger Jesu geraten mit ihrem Boot in einen heftigen Sturm. Auf einmal sehen sie Jesus über den See gehen. Sichtlich beeindruckt fragt Petrus, ob er auf Jesu Wort hin nicht auch über das Wasser gehen könne, Jesus entgegen. Einige Schritte lang funktioniert das auch. *»Als er aber sah, wie heftig der Wind war, bekam er Angst und begann unterzugehen« (Matthäus 14,30)*. Eine wichtige Stelle! Natürlich hatte Petrus auch schon vorher bemerkt, dass Wind und Wellen heftig waren. Doch solange sein Blick inmitten all dessen auf Jesus gerichtet blieb, konnte er auf dem Wasser gehen. Das zeigt: Glaube hat maßgeblich mit Fokus zu tun. Worauf blicke ich? Wenn meine Aufmerksamkeit ganz von den Problemen

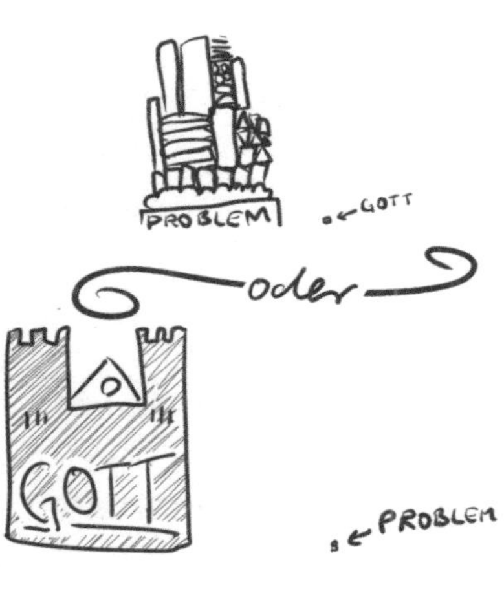

in Anspruch genommen ist, werde ich in ihnen versinken. Wo meine inneren Augen jedoch trotz des Sturms auf Jesus geheftet bleiben, entsteht auf einmal ein Weg, den es vorher nicht gab.

Gibt es Sätze des Lobpreises in deinem Inneren oder sind dort nur Sätze über die Größe des allmächtigen Problems?

Vertrauen vs. Selbstversorgung

Die Bibel bezeichnet es als erstes und grundsätzliches Problem des Menschen: Darauf zu vertrauen, dass Gott es wirklich gut mit ihm meint, fiel ihm schon im Garten Eden schwer. Da erschien es doch viel besser, selbst die Hand nach dem Baum der Erkenntnis auszustrecken und dafür zu sorgen, dass man am Ende nicht selbst der Betrogene ist. Glaubenssätze wie »Gott ist mein Vater« oder »Der Herr ist mein Hirte« stehen oft auf eigenartige Weise im Kontrast zu dem, was eigentlich wirklich im Denken abgeht. »Es bleibt alles an mir hängen«, »Geschenkt wird einem nichts«, »Wer sich auf andere verlässt, der ist wirklich verlassen« – das verbissene Festhalten daran, alles selbst schaffen zu wollen, offenbart eine tiefe Weigerung, wirklich zu vertrauen.

Die Meinung, das Leben in der Hand zu haben und kontrollieren zu können, ist ganz offenkundig eine Täuschung. Die existenziellsten Dinge des Lebens bleiben unplanbar. »*Wer von euch kann mit all seiner Sorge sein Leben auch nur um eine kleine Zeitspanne verlängern? Wenn ihr nicht einmal etwas so Geringes könnt, warum macht ihr euch dann Sorgen um all das Übrige?*«, fragt Jesus ganz lakonisch *(Lukas 12,25-26)*. Und doch sitzt das Sorgen und das Sich-selbst-versorgen-Müssen tief. Die Wende hin zum Vertrauen muss täglich und stündlich neu vollzogen werden. Das innere Skript der Gedanken ist der Ort der Entscheidung.

Wie gut gelingt es dir, loszulassen? In welchen Situationen in deinem Leben fällt es dir besonders schwer, Gott ganz die Führung zu überlassen?

Erneuerung des Denkens[7]

Die Umgestaltung des Denkens ist ein mühsamer, aber nötiger Prozess. Einen Teil davon können wir nicht alleine bewältigen. Wir brauchen gute Theologie und Lehre, Korrektur durch andere und die Gemeinschaft mit anderen mündigen Christen. Mitunter auch eine Therapie. Häufig wird erst im Kontakt mit anderen

Menschen, in Arbeits- oder Beziehungssituationen deutlich, wie wenig transformiert unser Denken wirklich schon ist. Diese Erkenntnis ist vielleicht hart, doch viel schlimmer ist es, nicht zu realisieren, welcher Weg noch vor uns liegt.

Im Gebet geht es nicht primär um unser Denken. Zu einem gesunden Gebetsleben gehört jedoch auch die Auseinandersetzung mit dem Wort Gottes. Und das hat den Anspruch, unser Denken durchaus zu verändern, ja, sogar auf den Prüfstand zu stellen: *»Denn lebendig ist das Wort Gottes, kraftvoll und schärfer als jedes zweischneidige Schwert; es dringt durch bis zur Scheidung von Seele und Geist, von Gelenk und Mark; es richtet über die Regungen und Gedanken des Herzens« (Hebräer* 4,12). Die sehr wichtige Aussage in dieser Bibelstelle lautet: Nicht der Verstand richtet über das Wort Gottes (»Das kann ich mir nicht vorstellen, deshalb kann es nicht wahr sein«), sondern das Wort Gottes richtet über den Verstand! Zugleich ist es kraftvoll: Es sagt nicht nur abstrakt etwas aus, sondern bewirkt das, was es aussagt *(vgl. auch Jesaja 55,10-11)*. Und hier wird es konkret.

Das Wort Gottes hat den Anspruch, unser Denken zu verändern, ja sogar auf den Prüfstand zu stellen.

7 Mehr zum gleichen Thema in Hartl, Johannes: Negative Gedankenmuster überwinden, shop.gebetshaus.org.

Übung 1

Ich ermutige dich, einen Abschnitt in der Bibel zu lesen und auf das Denken anzuwenden. Das bedeutet, nicht beim reinen Lesen stehen zu bleiben (»Das ist ja interessant, was da steht«), sondern das eigene Denken zu einer Entscheidung zu führen und diese im Gebet zu besiegeln. Und das am besten schriftlich.

Konkret bedeutet das: Du nimmst eine Bibel und ein Notizbuch zur Hand und beginnst mit einem Abschnitt aus dem Neuen Testament oder den Psalmen. Lies nun so lange, bis du auf einen Satz stößt, der etwas in dir zum Klingen bringt oder in die aktuelle Situation passt. Schreibe diesen Satz in das Notizbuch. Bete nun mit diesem Satz, indem du ...

- Gott dankst, dass es so ist.

- Gott bittest, dir noch mehr über diese Wahrheit zu sagen.

- dich entscheidest, diesen Satz zu glauben.

- dich ggf. zu konkreten Schritten entschließt, dieser Wahrheit entsprechend zu leben.

Ein Beispiel: In einer Situation, in der du dich einsam fühlst, stößt du vielleicht auf Psalm 145. In Vers 18 steht: *»Der Herr ist allen, die ihn anrufen, nahe, allen, die zu ihm aufrichtig rufen.«* Die oben beschriebene Übung könnte in deinem Notizbuch wie folgt aussehen:

17.10.2016

Ps 145,18: „Nahe ist der Herr allen, die ihn anrufen…“

→ Danke, Herr, dass Du mir nahe bist, auch wenn ich das gerade kaum spüre. Danke, dass Du mich durchtragen wirst…

→ Im Alltag hab ich so viele Momente, wo ich das aus den Augen verliere. Bitte zeig mir noch tiefer, dass Du mir auch in den dunkelsten Momenten nahe bist!

→ ICH WILL DAS GANZ NEU GLAUBEN! Heute entscheide ich mich einmal mehr aus dieser Wahrheit zu leben.

VORSÄTZE

x Diese Bibelstelle auswendig lernen
x Vor dem Schlafengehen kein Facebook, sondern kurzes Ankommen bei Gott
x Der Lüge schneller widerstehen, dass ich alleine und isoliert bin!

Und jetzt bist du dran – probier es einfach mal aus!

Übung 2

Jeder Mensch hat Lügen in seinem Denken. Im Folgenden stelle ich eine Liste besonders beliebter falscher Sätze vor, die manches innere Skript prägen. Vielleicht nicht auf den ersten Blick, doch wenn du tiefer in dich hineinhorchst, kommt dir möglicherweise manches bekannt vor. Demgegenüber setze ich die passende biblische Wahrheit. In einer oder auch mehreren Gebetszeiten kannst du diese Liste durchgehen und schauen, welcher Lüge du in deinem Denken begegnest. Mit der danebenstehenden Wahrheit kannst du so verfahren, wie ich es in Übung 1 beschrieben habe. Natürlich gibt es auch viele andere passende Bibelverse. Du kannst selbst danach forschen, welche Verse du deinen inneren Lügen entgegensetzen willst.

Lüge
»Keiner interessiert sich für mich.«

Wahrheit
»Doch das Auge des Herrn ruht auf allen, die ihn fürchten und ehren, die nach seiner Güte ausschaun; denn er will sie dem Tod entreißen und in der Hungersnot ihr Leben erhalten« (Psalm 33,18-19).

Lüge
»Ich muss perfekt sein.«

Wahrheit
»Der Herr ist barmherzig und gnädig, langmütig und reich an Güte« (Psalm 103,8).

Lüge
»Ich bin machtlos.«

Wahrheit
»Denn ihr habt nicht einen Geist empfangen, der euch zu Sklaven macht, sodass ihr

euch immer noch fürchten müsstet, sondern ihr habt den Geist empfangen, der euch zu Söhnen macht, den Geist, in dem wir rufen: Abba, Vater!« (Römer 8,15).

Lüge
»Es ist immer das alte Lied, alles geht schief.«

Wahrheit
»Wir wissen, dass Gott bei denen, die ihn lieben, alles zum Guten führt, bei denen, die nach seinem ewigen Plan berufen sind« (Römer 8,28).

Lüge
»Es ist leichter, Problemen auszuweichen, als sich ihnen zu stellen.«

Wahrheit
»Alles vermag ich durch ihn, der mir Kraft gibt« (Philipper 4,13).

Lüge
»Wenn Gott meine Erwartungen nicht erfüllt, liebt er mich wohl nicht.«

Wahrheit
»Denn die kleine Last unserer gegenwärtigen Not schafft uns in maßlosem Übermaß ein ewiges Gewicht an Herrlichkeit, uns, die wir nicht auf das Sichtbare starren, sondern nach dem Unsichtbaren ausblicken; denn das Sichtbare ist vergänglich, das Unsichtbare ist ewig« (2. Korinther 4,17-18).

Lüge
»Jemand anders ist schuld.«

Wahrheit
»Wenn wir sagen, dass wir keine Sünde haben, führen wir uns selbst in die Irre und die Wahrheit ist nicht in uns. Wenn wir unsere Sünden bekennen, ist er treu und gerecht; er vergibt uns die Sünden und reinigt uns von allem Unrecht« (1. Johannes 1,8-9).

Lüge
»Ich kann nicht glücklich sein, wenn nicht alles so läuft, wie ich es mir vorstelle.«

Wahrheit
»Mag ein Heer mich belagern: Mein Herz wird nicht verzagen. Mag Krieg gegen mich toben: Ich bleibe dennoch voll Zuversicht« (Psalm 27,3).

Lüge
»Gottes Liebe muss man sich verdienen.«

Wahrheit
»Denn aus Gnade seid ihr durch den Glauben gerettet, nicht aus eigener Kraft – Gott hat es geschenkt –, nicht aufgrund eurer Werke, damit keiner sich rühmen kann« (Epheser 2,8-9).

Lüge
»Gott hasst die Sünde und den Sünder.«

Wahrheit
»Gott aber hat seine Liebe zu uns darin erwiesen, dass Christus für uns gestorben ist, als wir noch Sünder waren« (Römer 5,8).

Lüge
»Es ist meine Pflicht, die Erwartungen aller zu erfüllen.«

Wahrheit
»Geht es mir denn um die Zustimmung der Menschen, oder geht es mir um Gott? Suche ich etwa Menschen zu gefallen? Wollte ich noch den Menschen gefallen, dann wäre ich kein Knecht Christi« (Galater 1,10).

Lüge

»Mit mir wird es niemals besser werden. Ich schaffe es einfach nicht, mich zu verändern.«

Wahrheit

»Ich vertraue darauf, dass er, der bei euch das gute Werk begonnen hat, es auch vollenden wird bis zum Tag Christi Jesu« (Philipper 1,6)

Lüge

»Gott wird mich vor allem Übel bewahren.«

Wahrheit

»Wer wird uns scheiden von der Liebe Christi? Drangsal oder Angst oder Verfolgung oder Hungersnot oder Blöße oder Gefahr oder Schwert? Wie geschrieben steht: »Um deinetwillen werden wir getötet den ganzen Tag; wie Schlachtschafe sind wir gerechnet worden. Aber in diesem allen sind wir mehr als Überwinder durch den, der uns geliebt hat« (Römer 8,35-37; ELB).

Lüge

»Ein guter Christ ist nie zornig, deprimiert, besorgt.«

Wahrheit

»Kommt alle zu mir, die ihr euch plagt und schwere Lasten zu tragen habt. Ich werde euch Ruhe verschaffen« (Matthäus 11,28).

11
Stimme.

Maiensonne im Rücken. Tausendfaches Summen von Insekten um mich her, als ich durch das lange Gras der duftigen Wiesen höher steige. Im Wald noch Kühle und der Boden feucht. Über Wurzelstock und steinige Stufen führt der Weg mich der Almhütte am Gipfel näher. Viele Stunden sind vergangen, seit ich ankam, drunten im Tal. Ankam mit dem Auto, das mich aus der lauten Stadtwelt hier ins Allgäu brachte. Ins Nichts. Ins Kuhglocken- und Maiglöckchen-Nichts. In die große Stille, die seither um mich webt wie Ballen dicken Stoffs. Gemächlichen Schritts immer höher. Langsam wandert, der nichts erreichen muss.

Es hat mich mehr als einen Tag gekostet, überhaupt anzukommen. Tosend in mir zuerst die Gedanken. Die Bedürfnisse, Erwartungen, Meinungen. All die Stimmen. Die letzten Tage in eine öffentliche Debatte verwickelt, klingen sie noch nach, die Stimmen der Kritiker, die sagen, ich hätte Unrecht. Genau wie die lobenden Stimmen, dass doch so etwas dringend gesagt werden musste. Begonnen hatte alles mit einem Facebook-Post. Der plötzlich in einer Zeitung und auf mehreren Online-Plattformen auftauchte. Interviews dazu. Nicht vergleichbar mit dem, was Politiker täglich erleben. Doch für mich schon aufregend. Inmitten des Stimmen-Sturms dann die Abreise, von der ich schon im ersten Kapitel erzählt habe. Offline. Die Unsicherheit, wie es derweil weitergeht. Wer sich noch zu Wort melden und die Stimme erheben wird.

Doch ein paar Tage später ist das alles verblasst. Weit unter mir das dunstige Tal vor den majestätischen Bergketten im Azurblau des hellen Mittags. Schritt für

Schritt und Höhenmeter für Höhenmeter führt mein Weg mich weiter. Und in die große Ruhe des Waldes hinein auf einmal die Stimme. In die Stille meines gleichmäßig schlagenden Wanderherzens hinein Worte. Worte, die nicht vorher schon in mir waren wie ein mitgebrachter Proviant. Worte, die nicht von außen kommen wie eine aufgeschnappte Phrase. Worte, die im Innern fallen wie ein schwerer Stein ins tiefe Wasser. Die nicht durch eigene Überzeugung und Entscheidung, sondern durch ihr eigenes Gewicht auf den Grund sinken. Und dort bleiben. Es ist die Stimme. Ich kenne sie. Sie ist mir vertraut wie die Stimme eines Freundes und doch so anders, so fremd und so unverfügbar. Ich bin ihr gefolgt, dieser Stimme. Sie hat mich bezaubert. Hundertfach habe ich sie verpasst. Sie vergessen. Monatelang sie monologisierend verdrängt. Doch heute trifft sie mich neu. Hier oben in der hohen Luft. Hier oben im schattigen Wald, wo die Vögel singen. Es sind nur ein paar Worte. Worte der Erinnerung. Worte der Wegweisung. Kurskorrektur. Neue Prioritäten. Doch sie macht alles anders, diese Stimme. Als ich absteige, nehme ich einen anderen Weg als zuvor. Er führt mich schnell und sicher nach Hause. In meinem Herzen klingt sie nach. Die Stimme, die sich von allen anderen unterscheidet.

Stimme. Gott spricht. Nicht nur die Bibel ist voll mit Geschichten von Männern und Frauen, zu denen Gott gesprochen hat, Jesus scheint darüber hinaus völlig zweifelsfrei davon auszugehen, dass seine Jünger seine Stimme hören können. *»Meine Schafe hören auf meine Stimme; ich kenne sie und sie folgen mir« (Johannes 10,27).* Es ist also offensichtlich keine Frage, ob Gott zu uns sprechen möchte oder kann.

Unklar ist nur, ob wir mit Gottes Reden rechnen, seiner Stimme Raum geben und sie von anderen unterscheiden lernen.

Die ganze Menschheitsgeschichte steht und fällt mit der Frage, auf wessen Stimme man hört. In der alttestamentlichen Erzählung vom Sündenfall des Menschen tritt der Versucher an Eva heran, indem er zu ihr spricht. Das ist keineswegs selbstverständlich. Viele andere Methoden der Verführung wären denkbar gewesen. Doch die Schlange in der Eden-Erzählung spricht. Das Problem: Eva hört ihr zu. Und hier beginnt das ganze Übel. Gott hat zum Menschen gesagt, er dürfe von allen Bäumen des Gartens essen, mit Ausnahme von einem: dem Baum der Erkenntnis von Gut und Böse. Der Mensch kann nicht willkürlich festlegen, was Gut und Böse ist. Maßt er sich das an, geht die Sache immer gründlich schief. Die grauenvollen Ideologien des 20. Jahrhunderts haben eindrücklich gezeigt, was passiert, wenn ein Führer oder ein revolutionärer Kader für alle definiert, was Gut und Böse, und schließlich auch wer lebenswert und wessen Tod in Kauf zu nehmen ist.

Der Mensch also bekommt von Gott einen Garten voll leckerer Obstbäume zur freien Verfügung. Adam und Eva leiden keinen Mangel, sie haben alles, was sie brauchen. Doch die Stimme des Versuchers weckt ihre Vorstellungskraft. Wie wäre es wohl, von dem verbotenen Baum zu kosten?! Wie wäre es, es einfach einmal zu versuchen? Und als Eva der Schlange zuhört, packt diese schließlich die zentrale und unverblümte Lüge aus: *»Nein, ihr werdet nicht sterben. Gott weiß vielmehr: Sobald ihr davon esst, gehen euch die Augen auf; ihr werdet wie Gott und erkennt Gut und Böse«* (*1. Mose 3,4-5*). Will heißen: Gott ist ein Lügner! Er gönnt euch kein Glück. Er nimmt euch nicht für voll!

Erstaunlich ist, was die Schrift im nächsten Vers sagt: *»Da sah die Frau, dass es köstlich wäre, von dem Baum zu essen, dass der Baum eine Augenweide war und dazu verlockte, klug zu werden«* (*1. Mose 3,6*). Eva sieht nur noch diesen einen Baum. Ihre Augen sind fasziniert. Auf einmal sind alle leckeren Früchte der ganzen anderen Bäume vergessen. Doch all das scheinbar erst jetzt, nachdem sie der Stimme des Teufels zugehört hat.

Welcher Stimme wir das Gehör schenken, ist von entscheidender Wichtigkeit. Denn sie wird entscheiden, was wir sehen und was wir ersehnen. So wie es physische Augen gibt, gibt es auch geistliche, also die Augen des Glaubens. Doch der Glaube, so lesen wir bei Paulus, kommt vom Hören *(Römer 10,17)*. Denn die Stimme, der das Ohr zugeneigt wird, bestimmt die Wahrnehmung. Und das wurde Eva zum Verhängnis. Erst als sie der falschen Stimme zuhörte, begann sie den verbotenen Baum als begehrenswert zu sehen.

»Ich glaube nur, was ich sehe«, sagt mancher materialistisch eingestellter Zeitgenosse. Doch das ist nicht wahr. Denn oft sieht man nicht, was man nicht sehen will. So wäre der Satz wohl richtiger: »Ich sehe nur, was ich glaube.« Und woran man glaubt, ist untrennbar damit verbunden, auf wessen Stimme man hört.

Gott spricht auf vielfältige Weise zum Menschen. Schon die Schönheit der Natur und »dass es überhaupt etwas gibt und nicht vielmehr nichts« (Leibniz), erzählt vom Schöpfer. Auf verbindliche und unüberbietbare Weise spricht Gott in seinem Sohn Jesus Christus. Jesus war nicht nur ein Prophet, er selbst ist das Wort Gottes *(Johannes 1,1)*, er ist nicht nur ein Bote, er selbst ist die Botschaft. Diese Botschaft Gottes über sich selbst hat ihren Ausdruck gefunden in den Schriften der Bibel, die Menschen vom Heiligen Geist inspiriert verfasst haben. Jesus ist das Wort Gottes, die Bücher der Heiligen Schrift verkünden ihn auf unfehlbare Weise. In diesem Kapitel geht es aber um eine Tatsache, die selbst vielen Christen wenig vertraut ist. Es geht um das Reden Gottes im Herzen des Menschen.

Welcher Stimme wir das Gehör schenken, ist von entscheidender Wichtigkeit. Denn sie wird entscheiden, was wir sehen und was wir ersehnen.

So wie es unterschiedliche »innere Blicke« gibt, gibt es auch innere Stimmen. Man kann sie ähnlichen Rollen zuordnen wie die Blicke. Das innere Skript, die unterschiedlichen Stimmen im Kopf und die inneren Blicke stellen uns letztendlich alle vor die gleiche Herausforderung: uns von Gott leiten zu lassen und nicht von den eigenen Fantasien oder den Vorstellungen der Menschen allein. Gott spricht zu uns. Doch wie erkennt man seine Stimme unter den anderen? Und wie kann man lernen, sie besser zu hören?

Seit Jahrhunderten nennen Autoren des geistlichen Lebens typische Kennzeichen für die Stimme Gottes. Mir persönlich wurden die folgenden besonders hilfreich. Sie gelten aber nur in Kombination untereinander. Die Stimme Gottes …

1. Durchbricht die Routine

Der normale Gedankenfluss im Kopf verläuft vielleicht so: Ich blicke aus dem Fenster und sehe die Hecke, die noch geschnitten gehört, frage mich aber, ob es nicht gleich zu regnen beginnen wird. Mache mir Sorgen um das Wetter, weil morgen die Grillparty ist. Da denke ich an Sandra und Alexander, die auch eingeladen sind. Ich frage mich schon lange, ob sich zwischen den beiden etwas anbahnt. Das wäre ja lustig, wenn die beiden heiraten würden.

Da fällt mir diese Hochzeit im letzten August ein, wo es so heiß war.
Und direkt danach fuhren wir in den Urlaub. Jetzt erinnere ich mich an die heiße kroatische Küste und das inselreiche Meer. Und an den Stau auf der Autobahn ...

Taucht jetzt auf einmal der Satz »Ich bin bei dir, hab keine Angst« in meinem Kopf auf, dann hat er meine Aufmerksamkeit. Denn ein erstes Kennzeichen des Redens Gottes ist es, dass es wie etwas Neues, Fremdes, Unerwartetes plötzlich da ist.

2. Hat einen besonderen Klang

Jede Stimme hat ihren eigenen Klang. Manche Stimme löst schon etwas in uns aus, wenn wir sie nur hören. Wer da spricht, ergibt sich nicht nur aus dem, was gesagt wird, sondern eben auch aus dem Klang. Die Stimme Gottes hat einen besonderen Klang. Im Schwäbischen sagt man, eine Sache habe ein »G'schmäckle« – hinterlässt einen Nachgeschmack. Gottes Stimme hat ein besonderes Aroma, das der kennt, der sie schon einmal gehört hat. Ich nenne es das »Wow-Gefühl«. Es ist anders als alles, was sonst so im Kopf passiert. Im Galaterbrief beschreibt Paulus die sogenannte *»Frucht des Geistes«*, also die Auswirkungen des Heiligen Geistes auf das Herz: *»Liebe, Freude, Friede, Langmut, Freundlichkeit, Güte, Treue, Sanftmut, Keuschheit« (Galater 5,22-23)*.

Die Stimme also, die im Inneren von einem Geschmack der Freiheit und der Freude begleitet ist, ist tendenziell eher von Gott. Die Stimme des Bösen hat hingegen immer den Geschmack der Angst, des Zwangs, des Drucks und der Unfreiheit. Der Heilige Geist zeigt stets Chancen und Handlungsoptionen auf, engt niemals nur ein oder drückt nieder.

3. Bleibt

Der normale Fluss im Kopf fließt schnell weiter. Gedanken kommen und gehen. Auch Stimmen verhallen oft ganz schnell wieder. Gott ist der Treue, der immer gleich bleibt. Ein Eindruck, der also von Gott ist, hallt nach und wird über die Zeit hinweg meist sogar stärker. Gerade wenn es um ganze Lebensentscheidungen oder große Schritte geht, spricht Gott fast immer über

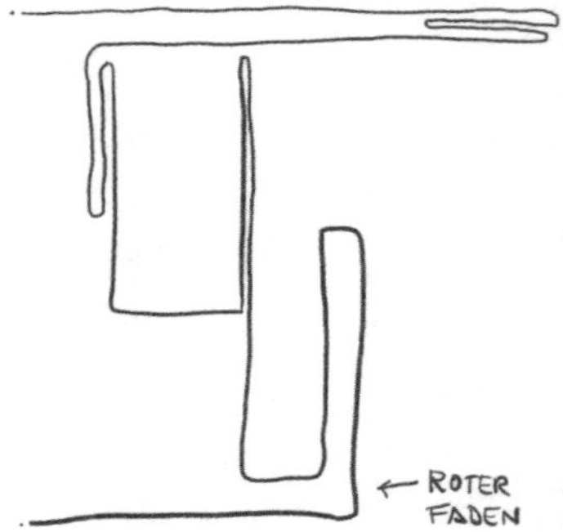

längere Zeit hinweg. Es kommen weitere Eindrücke. Oft kann man die Spur der Stimme Gottes wie einen roten Faden erkennen, der sich schon über Monate und Jahre hinweg durch das Leben zieht. Was immer wiederkommt, gerade dann, wenn man betet und in der Gegenwart Gottes ist, das sollte ernst genommen werden.

4. Stimmt überein

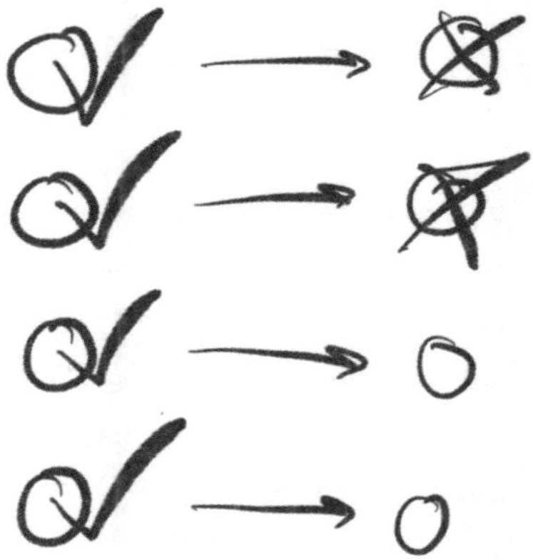

Der selbe Gott, der in der Schrift zu uns spricht, ist der Gott, mit dem wir heute kommunizieren können. Doch in Gott ist kein Widerspruch. Er sagt heute nichts, was seinem Wesen widerspricht oder dem, was er gestern gesagt hat. Deshalb kann echtes Reden Gottes nicht der Bibel widersprechen. Selbst übernatürliche Phänomene oder mystische Erfahrungen sind strikt abzulehnen, wenn sie nicht in Einklang mit dem Neuen Testament und der Lehre der Kirche stehen. Ungewohnt scharf hierzu Paulus: »*Wer euch aber ein anderes Evangelium verkündigt, als wir euch verkündigt haben, der sei verflucht, auch wenn wir selbst es wären oder ein Engel vom Himmel*« *(Galater 1,8)*. Gott widerspricht sich nicht. Und bei der Unterscheidung der Stimmen ist die wichtigste Frage, ob sie mit dem Wort Gottes übereinstimmen.

Sehr häufig gibt es auch Übereinstimmungen mit dem, was geistlich reife Christen, ein Seelsorger oder frühere Eindrücke sagen.

5. Schenkt inneren Frieden

Viele Gedanken hören sich zunächst gut an. Doch erst durch die Auswirkungen erkennt man die faule Wurzel. Bestes Beispiel hierfür einmal mehr Adam und Eva: Sie werden nach dem Genuss der Frucht nicht wie Gott, sondern werden aus dem Garten vertrieben und sind fortan sterblich. Folgt einer der Stimme Gottes, so hat er bleibenden Frieden. Selbst wenn es darum geht, etwas aufzugeben, was ihm teuer ist, oder etwas Herausforderndes zu tun, herrscht im Herzen dennoch ein Friede, der für alles entschädigt. Gerade bei Lebensberufungen, also Weichenstellungen im Job, einer Beziehung, der gesamten Richtung des Lebens ist die Frage von größter Bedeutung, ob sich tiefer innerer Friede einstellt. Fehlt dieser dauerhaft, so kann man davon ausgehen, Gottes Stimme überhört, falsch verstanden, noch nicht gesucht oder bewusst von sich gewiesen zu haben.

Dass das Wasser trug, merkte Petrus erst, als er den Fuß aus dem Boot auf das Wasser setzte und auf Jesus zuging.

Kommen alle fünf Kriterien zusammen, ist die Wahrscheinlichkeit groß, dass man die Stimme Gottes gehört hat. Tatsächlich handelt es sich aber nur um eine hohe Wahrscheinlichkeit, niemals ganze Sicherheit. Es gibt keinen Menschen, der die Stimme Gottes immer zweifelsfrei und irrtumslos zu unterscheiden vermag *(vgl. 1. Korinther 13,9)*. Manchmal muss man einfach losgehen und etwas wagen. Dass das Wasser trug, merkte Petrus auch erst, als er den Fuß aus dem Boot auf das Wasser setzte und auf Jesus zuging *(Matthäus 14,29)*.

Gerade weil wir fehlbar sind, brauchen wir das Feedback unserer Mitmenschen. Und die Bereitschaft, umzukehren, wenn der Weg vielleicht doch ein falscher war. Doch Gott belohnt Schritte des Gehorsams und die Fähigkeit, seine Stimme wahrzunehmen, nimmt mit jedem Mal zu, wo wir ihr Raum geben und gehorchen. Folgende Faktoren begünstigen es, die Stimme Gottes zu hören:

1. Bitte konkret darum!

Gott liebt es, wenn wir ihn konkret um etwas bitten. Vieles empfangen wir nicht, weil wir nicht bitten *(Jakobus 4,2)*. In wie viele Meetings und Konfliktgespräche bin ich schon hineingestolpert, ohne Gott vorher konkret um sein Reden gebeten zu haben! Und wie oft bekam ich im Gebet eine entscheidende Idee, die besser war als alles, was ich mir selbst hätte ausdenken können. Du brauchst Weisheit im Beruf, in der Familie, in einer problematischen Situation? Bitte ihn konkret darum, zu reden.

2. Mach Raum!

Doch dann nimm dir auch die Zeit, zu hören, ob eine Antwort kommt! Sie kommt nicht immer und nicht immer sofort. Die Übungen in diesem Buch enthalten viele Anregungen dafür, wie die Stille in deinem Leben zunehmen kann. Je weniger dein Kopf mit anderen Stimmen gefüllt ist, desto leichter hörst du die seine. Etwas Stille und etwas »Off« erleichtern es ungemein, die sanfte Stimme Gottes zu hören.

3. Lies die Bibel!

Wer Gottes geschriebenes Wort gut kennt, kann auch sein gesprochenes viel leichter erkennen. Sehr oft verwendet Gott auch konkret einzelne Sätze der Bibel, um zu uns zu sprechen.

4. Schreib es auf!

Bei mir zu Hause gibt es ein kleines Buch, in dem ich schon vor über zwanzig Jahren begonnen habe, prophetische Eindrücke und Worte niederzuschreiben. Sie sind mir ein Schatz, auf den ich gerne zurückgreife, denn darin ist Gottes Handschrift deutlich zu erkennen. Was man aufschreibt, bleibt besser in Erinnerung. Und im Rückblick sind schriftliche Notizen ein wunderbares Hilfsmittel, Gottes Reden über längere Zeit hinweg unterscheiden zu lernen.

5. Handle gehorsam!

Du hast plötzlich den Eindruck, einen Obdachlosen zum Essen einladen zu sollen? Oder dem Arbeitskollegen von Jesus zu erzählen? Einen bestimmten

Geldbetrag zu spenden? Einem deiner Kinder etwas ganz Bestimmtes zu sagen? Und diese Eindrücke stimmen mit den obigen Kriterien überein? Dann mach es! Die Gefahr besteht, dass du danebenliegst, ja. Doch aus Fehlern lernt man. Nur so wächst man darin, Gottes Stimme zu hören. Und die Trefferquote steigt mit der Zeit. Ich habe in diesem Bereich schon ein paar peinliche Dinge erlebt. Doch noch viel mehr echte Wunder.[8]

---

8 Einige davon erzähle ich in meinem Buch »In meinem Herzen Feuer«, SCM-Verlag 2014.

Übung

Die gerade genannten fünf Punkte eignen sich, um daraus eine einfache Gebetszeit zu machen. Nimm Bibel und Schreibzeug zur Hand. Suche einen Ort, wo du ungestört bist, und mach zeitlich und gedanklich Platz für das Reden Gottes. Bitte ihn konkret um sein Reden zu einem bestimmten Thema und hör dann hin. Wenn dir ein Gedanke kommt, schreib ihn auf. Wenn nichts kommt, macht das nichts. Allein schon die Haltung des Hinhörens ist eine Haltung der Liebe und Gott freut sich daran.

Lies eine Passage der Bibel und bitte Gott darum, durch sein Wort zu dir zu sprechen. Gib ihm am Schluss diese Gebetszeit zurück, ohne selbst zu bewerten, ob sie gut war. Egal, ob du etwas gehört hast oder nicht: Je öfter du ihn bittest und bewusst hinhörst, desto öfter wirst du seine Stimme hören. Und sie macht alles anders.

12
Rhythmus 168.

Strahlend ist die Sonne über den Äckern aufgegangen. Was für ein prächtig blauer Himmel! Der Wetterbericht hat recht gehabt, denkt sich Bauer Alfred beim ersten morgendlichen Blick aus dem Fenster. Heute ist es endlich soweit. Der perfekte Tag. Reif steht das Korn in voller Pracht, üppig prangen die Ären, die Ernte verspricht Großes. Die Arbeit wartet und duldet keinen Aufschub. Also schnell alles bereiten, denn schon morgen kann es regnen. Zuerst waschen und anziehen. Ein schneller Kaffee im Stehen. Wo sind die Gummistiefel? Nicht bei der Garderobe, nicht neben dem Kachelofen. Ach dort, hinter dem Schränkchen in der Diele. Alfred öffnet die Durchgangstür und hält auf einmal die lose Klinke in der Hand. So ein Ärger. Also schnell in den Keller und Werkzeug geholt. Das dauert ja nur einen Moment.

Hinter der Küche führt ein dunkler Flur zur Kellertür. Alfred will sie gerade schwungvoll öffnen, als er mit seinen Füßen an etwas hängen bleibt und beinahe fällt. Mist, das war das Telefonkabel und die Buchse hängt nun mit baumelnden Drähten aus der Wand. Da muss ich doch glatt den Elektriker rufen, ärgert er sich und kramt in den tiefen Taschen seiner Arbeitshose nach dem Handy. Doch Moment, für den Elektriker ist es ja noch viel zu früh. Außerdem ist der Akku des Handys leer. Also aus der Küche das Netzteil holen. Irgendwo in dieser Schublade muss es doch sein ... Zwischen Briefmarken, einem Taschenmesser, Tesafilm und einem Stück Schnur liegt hier aber nur die Rechnung vom Zahnarzt, die vor zwei Wochen fällig war! Diese Überweisung muss dringend erledigt werden. Den Stift vom Küchentisch zur Hand und ... Wer liegt denn da unter der Eckbank? Der faule Kater Mikosch. Der darf doch eigentlich nicht ins Haus.

»Mikosch, raus mit dir!«, ruft er streng, aber der friedlich schnurrende Pelzhaufen bewegt sich kein bisschen. Also Mikosch nach draußen getragen. Soeben ist die Zeitung gekommen und liegt dort direkt auf dem Fußabtreter. Ein kurzer Blick darauf geworfen, da fallen aus ihr Werbesendungen wie dürre Blätter vom herbstlichen Baum. Wer braucht denn all die Werbung? Alfred bückt sich und trägt das Papier zur grünen Tonne. Kommt nicht heute die Müllabfuhr? Ja, er muss die Tonnen nach vorne an die Straße schieben. Wer hat denn hier den Müll einfach achtlos in die Hecke geworfen? Die Hecke, die eigentlich dringend geschnitten werden müsste. Alfred beschließt, zur Garage zu gehen und die Heckenschere zu holen. Und so geht das weiter und weiter und weiter. Als es schließlich Abend wird, ist das Telefon noch immer nicht repariert, die Rechnung noch immer nicht überwiesen und das Feld noch immer nicht gemäht.

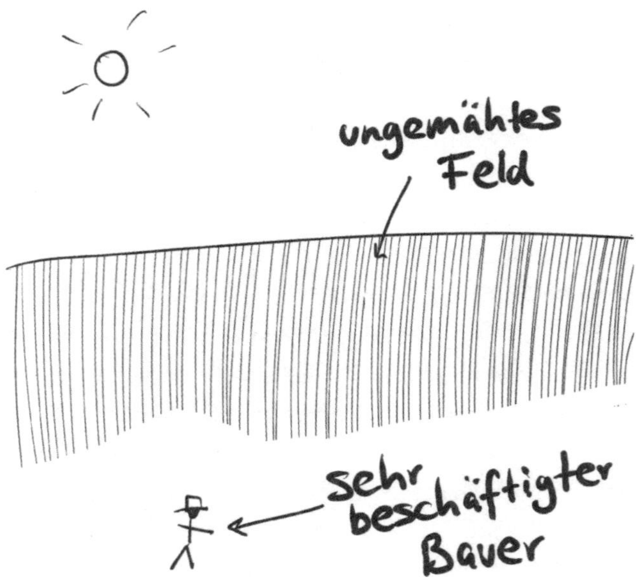

Rhythmus 168. Oder der Mangel davon. Wer lacht nicht über den etwas chaotischen Bauern Alfred? Doch kommt er uns nicht auch seltsam bekannt vor? Das Problem ist stets das gleiche. Es gibt immer viele Dinge, die alle danach schreien, sofort erledigt zu werden. Nie wird ein Tag kommen, an dem es keine unvorhergesehenen Ereignisse gibt, keine spontanen Probleme und keine scheinbar extrem dringenden Gründe, das nicht zu tun, was man jetzt eigentlich tun sollte. Möchte man nicht wie Bauer Alfred enden, ist die Unterscheidung zwischen »dringend« und »wichtig« unerlässlich.

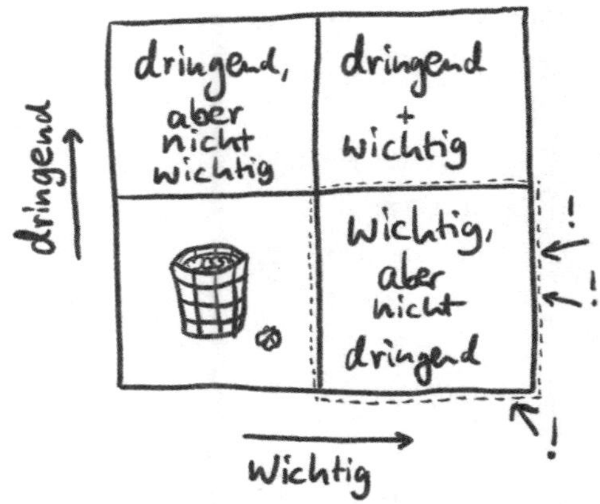

Es gibt Aufgaben, die sind dringend, das bedeutet: Sie wollen sofort erledigt werden. Nicht alle dieser Aufgaben jedoch sind auch wichtig. »Wichtig« bedeutet, dass es langfristig entscheidende Auswirkungen auf das ganze Leben hat.

Eine SMS blinkt am Handy auf. Der Inhalt ist überhaupt nicht bedeutsam, doch der Affekt befiehlt uns beinahe, sofort zurückzuschreiben. Der Mozzarella im Kühlschrank läuft heute ab und muss dringend verkocht werden. Davon hängt zwar nicht das Glück der Welt ab, dennoch ist es etwas, woran heute gedacht sein will. So ganz wird man sie leider nie los, die unwichtigen dringenden Dinge, doch sie müssen zeitlich begrenzt werden. Denn sonst kommt das zu kurz, was wichtig, aber nicht dringend ist. Die regelmäßige Krebsvorsorgeuntersuchung kann über Leben und Tod entscheiden. Dennoch ist sie nicht dringend. Mit dem Ehepartner und den Kindern genug Zeit zu verbringen und aktiv zuzuhören, ist von größter Wichtigkeit für eine heile Familie. Doch dringend wird es meist erst, wenn es zu einer waschechten Krise kommt.

Und dann gibt es natürlich noch die Dinge, die weder wichtig noch dringend sind, das sind reine Ablenkungen. Was wichtig und dringend ist, hat Priorität. An zweiter Stelle müssen jedoch die Tätigkeiten eingeplant werden, die wichtig, aber nicht dringend sind. Das Problem ist, dass sie sich nicht von selbst aufdrängen. Sie müssen aktiv eingeplant werden, sonst gehen sie unter. Doch ein Leben unter der Diktatur des Dringenden ist fruchtlos und gehetzt.

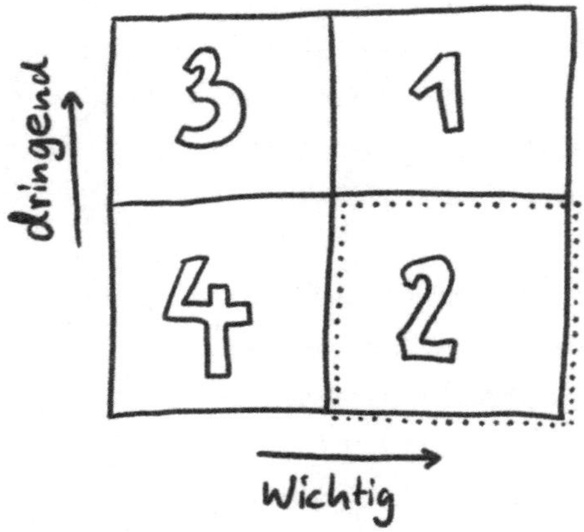

Zu dem in der Skizze mit einer »2« beschrifteten Quadrat des Wichtigen, nicht Dringenden gehört das geistliche Leben. Natürlich nicht nur das, sondern auch:

- Zeit für die Familie
- Gesundheit
- Engagement in Kirche und Gemeinde
- Bildung
- Freundschaften

Als kleine Übung zum Mitdenken kannst du auf der folgenden Seite einmal schnell aus dem Kopf deine Tätigkeiten der letzten Woche den vier Quadranten zuordnen:

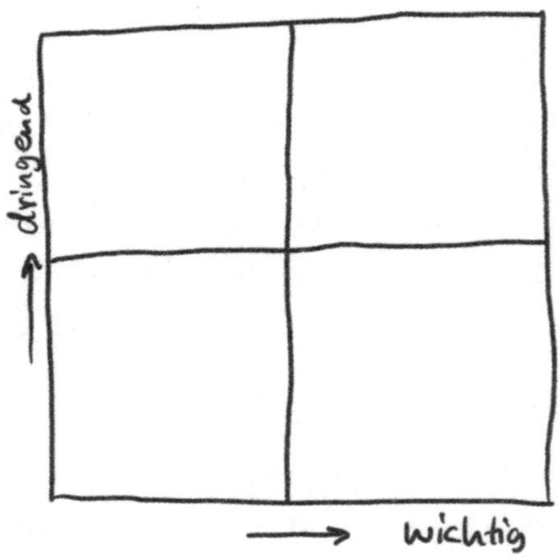

Gebet ist nicht alles. Aber ohne Gebet ist alles nichts. Ein Alltag, dem das Gebet fehlt, wird flach und getrieben. Deshalb geht es in diesem Buch darum, beten zu lernen und einen Rhythmus des Gebets in den Alltag einzubauen. Das wird nämlich alles andere mit beeinflussen. Zunächst also geht es um die Erkenntnis, dass Gebet eingeplant werden muss wie andere wichtige, nicht dringende Aktivitäten auch. Wer seine körperliche Fitness steigern will, braucht dafür einen konkreten Plan. Zum Beispiel: dienstags und freitags um 18.00 Uhr ins Fitnessstudio oder zum Volleyball gehen. Das Gleiche gilt für das Erlernen eines Instruments oder einer Fremdsprache. Italienisch lernt man nicht, indem man in eine Pizzeria essen geht. Und auch nicht, indem man einfach nur Zeit mit anderen Leuten verbringt, die Italienisch können. Auf eine solche Idee käme auch kaum einer. Doch beim Gebetsleben neigen nicht wenige zu dieser erstaunlichen Einstellung. Eine geistliche Erfahrung allein (»Ich bin den Jakobsweg zu Fuß gegangen und fühlte mich dort dem Himmel so nah«) oder die langjährige Teilnahme an Gottesdiensten garantieren nicht, dass ein eigenes geistliches Leben wächst.

Ein Alltag, dem das Gebet fehlt, wird flach und getrieben.

Beim Blick auf den Terminkalender lässt sich eine Erkenntnis kaum von der Hand weisen. Alle Menschen verfügen über gleich viel Zeit. Und wir nehmen uns Zeit für das, was uns wirklich wichtig ist. Noch niemand ist jemals verhungert, weil ihm die Zeit zum Essen fehlte. Jemand, der frisch verliebt ist, verbringt Zeit mit dem anderen. Als Jutta und ich ein ganz junges Paar waren und weit voneinander entfernt lebten, war das Telefonieren noch extrem teuer. Nur nachts zwischen 2 und 5 Uhr galt der sogenannte »Mondscheintarif« (wer kennt dieses Wort noch?). Was taten wir? Natürlich stellten wir den Wecker auf 4 Uhr, um eine Stunde lang telefonieren zu können! Die Liebe sucht sich einen Weg und wir nehmen uns in der Regel Zeit für das, was uns wichtig ist. Das jedoch, was uns angeblich so wichtig ist, doch nicht regelmäßig im Terminkalender auftaucht, ist vielleicht ein Vorsatz, aber eben noch keine

Du hast Zeit für das, was dir wichtig ist.

Realität. Vom bloßen Plan, ab sofort sportlicher sein zu wollen, weicht der Bierbauch noch lange nicht den Sixpacks. Und das exakt Selbe trifft auf das Gebetsleben zu.

168. Das ist eine Zahl, mit der nicht jeder automatisch etwas verbindet. Für uns im Gebetshaus ist sie die ganz entscheidende Zahl, denn so viele Stunden pro Woche beten und singen Menschen in unserem Gebetsraum. 168 Stunden hat die Woche. Und zwar jede. Man könnte auch sagen: Jeder Mensch hat genau gleich viele Stunden pro Woche zur Verfügung, doch jeder setzt sie anders ein. Natürlich sind nicht alle diese Stunden frei verfügbar. Zum Beispiel haben die wenigsten Menschen eine Wahl, ob sie arbeiten wollen oder lieber nicht. Und absolut kein Mensch hat die Möglichkeit, das Bedürfnis nach Schlaf einfach wegzurationalisieren.

Häufig jedoch neigen wir dazu, das Potenzial an Zeit zu unterschätzen, über das wir tatsächlich verfügen können. Hier eine kleine Rechnung: Der durchschnittliche Arbeitnehmer in Deutschland arbeitet 40 Wochenstunden. Der durchschnittliche Schlafbedarf liegt bei etwas unter 8 Stunden pro Tag. Das ergibt eine Summe von durchschnittlich 96 Stunden, rechnet man beides zusammen. Wer pro Tag zwei Stunden für Essen und eine Stunde für Körperpflege braucht, liegt ebenfalls etwa im Durchschnitt. Nun seien noch eine Stunde Anfahrt pro Tag (bei fünf Arbeitstagen) ebenso eingerechnet wie zwei Stunden Zeit mit der Familie und zweimal pro Woche je zwei Stunden für Sport oder Freunde. Was kommt dabei heraus?

Es kommen 28 Stunden heraus. Nicht gerade wenig. Das wären vier Stunden pro Tag! Freilich beinhaltet diese Rechnung einen kleinen Trick: Sie behandelt Wochentage und Wochenende gleich. Natürlich verteilt sich aber die freie Zeit in der

Regel nicht gleichmäßig auf alle Tage. Doch worum es geht, ist die Erkenntnis, dass wir mehr Zeit haben, als wir denken. Es stimmt schlichtweg nicht, dass unsere Zeit fest verplant ist und wir gar nichts dagegen tun könnten. Wir nehmen uns immer Zeit für das, was uns am wichtigsten ist.

Dein eigenes geistliches Leben sollte von oberster Priorität für dich sein. Das wird anschaulich an einer kleinen Geschichte. Es ist schon wieder eine von einem Bauern. Und zwar von einem, der eine Gans mit höchst ungewöhnlichen Eigenschaften besaß. Jeden Tag legte sie ein Ei aus purem Gold. Jeden Tag nur eins, doch dieses eine ganz bestimmt. Der Bauer konnte sich darauf verlassen: Jeden Morgen fand er einen kleinen funkelnden Schatz im Gänsestall. Alles, was er tun musste, war, die Gans täglich zu füttern und ihr Wasser und etwas Auslauf zu geben.

Wir nehmen uns immer Zeit für das, was uns am wichtigsten ist.

Nach und nach kam der Bauer auf diese Weise zu einem ansehnlichen Vermögen. Als er eines Tages wieder auf dem Weg in den Stall war, kam ihm ein Gedanke. War es nicht ermüdend, immer 24 Stunden auf das nächste Ei warten zu müssen? Wie wäre es, viel mehr Eier auf einmal zu haben und mit einem Schlag noch viel reicher sein zu können? Da saß sie vor ihm, die fröhlich schnatternde Gans. Die Gans, aus der die Goldeier kamen. All die Eier, so dämmerte es dem Bauern auf einmal, müssten sich jetzt im Inneren der Gans befinden. Wo sollten sie denn sonst herkommen? Wie wäre es, wenn man sie einfach – herausholen könnte? Dafür freilich müsste er die Gans öffnen. Ein wenig leid tat sie ihm schon, doch der schnelle Gewinn lockte zu sehr. Mit einem schnellen Messerschlag war das weiße Federvieh getötet. Nun schnell den Bauch aufgeschnitten!

Die grausame Szene soll hier nicht näher beschrieben werden. Zum Glück handelt es sich ohnehin um eine Fabel. Doch eines steht fest: Zwar hatte der Bauer nun ein paar Tage lang Gänsebraten zum Essen, sonst jedoch fand er nichts Bedeutsames im Bauch der Gans. Mit den goldenen Eiern jedenfalls war es vorbei.

Auch du hast eine Gans, die goldene Eier legt. In diesem Buch gab es dafür schon unterschiedliche Namen: das Hier und Jetzt, in dem Gott wohnt. Der innere Garten. Der Tempel. Das Leben unter Gottes Blick. Deine tägliche Gebetszeit. Wenn du diese stetig kultivierst, dann machen sie deinen Alltag reich. So wie die Gans nur gefüttert zu werden braucht, um täglich ein goldenes Ei zu legen.

Es gibt Tage voller Getriebenheit, in denen trotz aller Hektik und aller Anstrengung nichts glatt zu laufen scheint. Das sind meistens die Tage, an denen wir aus eigener Kraft loslegen und die Verbindung zu Gott vernachlässigen. Doch auf die Gebetszeit zu verzichten, weil man die Zeit dringend für etwas anderes braucht, bedeutet, die Gans in der Hoffnung zu schlachten, dann schneller an das Gold zu kommen. Pflege dein geistliches Leben. Kultiviere den inneren Garten. Füttere die Gans. Dein Gebetsleben wird jeden Tag tiefer werden und dein ganzes Leben reicher machen.

Übung

Dieses Buch geht dem Ende entgegen. Zeit, Nägel mit Köpfen zu machen. Hoffentlich hast du einen Geschmack dafür bekommen, wie eine Gebetszeit konkret aussehen kann. Aus all den Methoden kannst du jetzt deine eigene kreieren oder auch jeden Tag etwas anderes auswählen. Doch alles steht und fällt damit, dass du eine feste Zeit und einen festen Ort für das tägliche Gebet auswählst. Und dazu brauchst du so etwas:

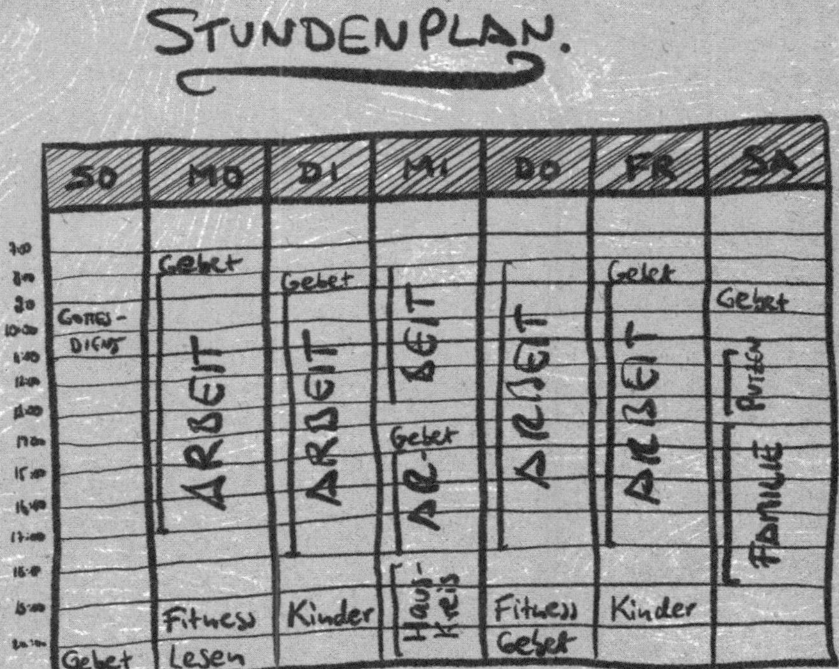

Also einen Plan, wie deine Woche aussieht. Alles, was man sich vornimmt, wird nur dann konkret, wenn man es in einem regelmäßigen Zeitplan verortet. Wie sieht eine normale Woche bei dir aus? Wann willst du für dein geistliches Leben Zeit freiräumen? Ich ermutige dich zur Kühnheit. Denn ich glaube, dass es für die allermeisten Menschen kein Problem wäre, jeden Tag eine Stunde für Gott zu reservieren. Sollte dir das zu viel erscheinen, überlege, ob es vielleicht einen oder mehrere Tage in der Woche gibt, an denen eine ganze Stunde möglich wäre. An anderen klappt es vielleicht nur kürzer. Entspann dich. Denn mit Druck, Gebot und Leistung hat das geistliche Leben allgemein nicht viel zu tun. Es geht vielmehr um die Frage, wie du leben willst. Wenn du dir einen Alltag wünschst, der von der Gegenwart Gottes erfüllt ist, dann wird die tägliche Gebetszeit der entscheidende Faktor dafür sein.

Hast du Zeit und Ort einmal fest definiert, bleibt nur noch ein Rat: Ziehe diese Zeit durch! Es gibt Phasen im geistlichen Leben, in denen das Beten trocken ist und Gott weit entfernt scheint. Das ist normal. Gott erlaubt sie, damit wir lernen, nicht nur für die Befriedigung unserer Gefühle zu beten, sondern um seiner selbst willen. Ich verspreche nicht, dass dein tägliches Gebetsleben immer wunderbar wird oder dass sich das ganze Leben direkt verändert. Aber ich garantiere, dass die langfristigen Früchte eines stetigen und treuen Gebetslebens ungeheuer groß sind.

Fang also sofort mit dem Plan an. Vergiss nicht: Wir nehmen uns Zeit für das, was uns am wichtigsten ist. Und wenn du dir nicht ganz sicher bist, wie dann alles andere zeitlich klappen soll, darfst du ganz zuversichtlich das Wort Jesu für dich in Anspruch nehmen: *»Euch aber muss es zuerst um sein Reich und um seine Gerechtigkeit gehen; dann wird euch alles andere dazugegeben«* (Matthäus 6,33).

Schluss: Sychar, 32 n.Chr.

Stehende Hitze unter der sengenden Sonne des Tals. Ringsum ragen die kahlen Höhen auf, um die sich uralte, heilige und verstörende Legenden ranken. Stille des Mittags. Ihre Sandalen hinterlassen kleine Staubwölkchen auf der sandigen Straße. Sonst bleibt sie unbemerkt. Es ist kein weiter Weg aus dem kleinen Dorf bis zum Brunnen. Jetzt, beim Hinweg, ist der Tonkrug auf ihrer Schulter noch leer. Doch der Weg zurück nach Shekar (oder wie es ja jetzt offiziell heißt: Sychar) mit dem schwappend vollen Gefäß wird sich ziehen. Sie kennt jeden Schritt dieses Weges nur zu gut. Tagein, tagsaus zweimal: mittags und nach der Dämmerung. Zum Waschen, zum Trinken, zum Kochen, zum Putzen, immer Wasser. Wasser, das sie jetzt gleich Eimer für Eimer aus dem engen Brunnen emporziehen wird. Jenem Brunnen, den der Geschichte nach der Urvater Jakob schlug. Jakob, mit dem die blutige und heilige Geschichte der Stadt neben Shekar begann. Dieser Stadt, die zum Zankapfel wurde. Wo ein Gegenkönig vor unvordenklich langer Zeit erstand. Und deren Bewohner seither auf diesem Berg dort anbeten und nicht in Jerusalem wie die anderen. Die anderen, die sie als Verräter schmähen. Als Unreine. Als Vermischte. Wo sie doch auch die heiligen Schriften des Mose bewahren und an Elohim glauben.

Ja, Elohim. Der Gott des Himmels oder der Berge. Oder der Gott Jerusalems. Jedenfalls weit weg. Weit weg von ihren Sorgen. Zu Hause hat sie zwei kleine Kinder und Schallum. Nein, natürlich nicht jenen hochberühmten Schallum, den Sohn des Jabesch und König über Samaria. Ein Mann nicht einmal aus bedeutendem Haus. Sondern ein Lederhändler aus Cäsarea, drunten am Meer. Geschäfte haben ihn hierher ins Bergland geführt, die sich nun schon länger hinziehen. Zunächst ist er nur für eine Nacht zu ihr gekommen. Den rechten Preis in Kupfermünzen ihr bezahlt. Und dann Gefallen an ihr gefunden. Seither lebt er bei ihr und gibt ihr Geld. Und er ist nicht schlecht zu ihr. Zumindest wenn er nicht trinkt. Doch es ist besser als zuvor. Viel ist geschehen, seit sie Uri entlaufen ist, ihrem ersten Mann, der sie immer geschlagen hat. Dann ist sie aus Schechem in das Dorf gezogen. Ein neuer Mann, mit dem sie lebte. Anschließend wechselnde Partner und für Geld. Nein, eine Hure ist sie nicht. Jedenfalls keine so richtige. Doch selbst wenn, wen kümmert das? Sie hat zwei Kinder zu Hause. Kinder, von denen sie nicht recht weiß, wer der Vater ist. Doch sie ihre Mutter, so viel steht fest.

An die scheelen Blicke der Nachbarn hat sie sich schließlich gewöhnt. Das Ausspucken der Frauen auf der Straße, wenn sie kommt. Darunter auch Frauen, von denen sie weiß, dass ihre Männer schon einmal nachts in ihre kleine Lehmhütte, am Rande des Weilers, gekommen sind. Die Flüche, die man ihr nachwirft – ihr, der Sünderin. Und so wäscht sie ihre Wäsche niemals mit den anderen zusammen. Deshalb geht sie niemals zum Brunnen, wenn alle Frauen gehen. Morgens, wenn es kühl ist. Sie geht alleine und mittags, wenn die drückende Hitze jeden Schritt beschwerlich macht.

Vor ihr nun die letzte Wegbiegung vor dem Brunnen. Sie kennt ihn nur zu gut, den schattigen grünen Platz rings um die in Steine eingefasste Öffnung im Boden, woraus das kühle Nass mit einem an einer langen Seilwinde befestigten Gefäß gezogen wird. Zuerst bemerkt sie ihn nicht. Der braune Krug gleitet von ihrer Schulter auf den Boden, sie wendet sich zur Seite. Erschrocken fährt sie zusammen. Hier, direkt rechts von ihr, sitzt ein Mann auf der Bank aus Steinen. Geschwind verhüllt sie ihr Gesicht und wendet sich ab. Schon macht sie sich bereit, von ihm weggeschickt zu werden. Was will denn sie als Frau, wenn hier ein Mann sitzt?

Doch plötzlich spricht er sie an. Ein Mann sie als Frau, in einem Moment, wo sonst keiner dabei ist. Niemand tut so etwas! Doch das scheint ihn nicht zu kümmern. Ob sie ihm zu trinken geben könne. Es liegt etwas Singendes in dieser Stimme, etwas Freies. Schon der Akzent verrät ihn, der Blick auf die Quasten an seinem weißen Gewand lässt keinen Zweifel mehr: Ein Jude sitzt vor ihr. Ein

Mann von dreißig Jahren vielleicht. Er sitzt vor ihr und blickt ihr mitten ins Gesicht. Mit den dunklen Augen in seinen fein geschnittenen Gesichtszügen. Ein jüdischer Mann, der sie anspricht. Schon das unerhört. Doch mehr noch: ein Jude, der sie um einen Trank bittet! Sie meint, nicht recht zu hören!

Wie das denn zu verstehen sei, er sehe doch, dass sie Samaritanerin und er Jude sei. Er wirkt gar wie ein Gelehrter auf sie, ein Rabbi. Ein Rabbi spricht nicht mit einer fremden Frau. Und wenn er erst die ganze Wahrheit wüsste, wie viel weniger wäre er bereit, aus ihrem Gefäß zu trinken und sich zu verunreinigen, ja, selbst sie nur eines Blickes zu würdigen. »Wenn du wüsstest, wer ich bin und was die Gabe Gottes ist, dann hättest du mich gebeten und ich hätte dir lebendiges Wasser gegeben«, erwidert der geheimnisvolle Fremde prompt. Er spricht so eigenartig.

Lebendiges Wasser? Also keines aus einer Zisterne, sondern fließendes Wasser? Hier im ausgedörrten Bergland Samarias? »Wie soll das gehen? Du hast nicht einmal ein Gefäß und der Brunnen ist tief. Woher willst du also das lebendige Wasser nehmen?« Sie muss lächeln, als der eigenartige Wanderer sie so unverschämt heiter anblickt, und setzt hinzu: »Oder bist du etwa größer als unser Vater Jakob, der diesen Brunnen grub?«

Die freche Frage scheint dem Rabbi Spaß zu machen. Nun müssen sie beide auflachen. Doch in Sekundenschnelle ist er zurück, der stechend scharfe und doch sanfte Blick beim Klang dieser geheimnisvollen Worte. Die so völlig anders klingen als diejenigen, die andere Männer sprechen. Wer von diesem Wasser hier trinke, und deutet mit einer leichten Kopfbewegung zur Seite auf den Brunnen in der Erde, den dürste später wieder. »Wer aber von dem Wasser trinkt, das ich ihm geben werde, wird nie mehr Durst haben; sondern das Wasser, das ich ihm gebe, wird in ihm zur sprudelnden Quelle werden, deren Wasser ewiges Leben schenkt.«

Ewiges Leben? Fast möchte sie erneut auflachen. Sie denkt an einen Salbenhändler, der auf dem Markt herumschreit, dass er eine Tinktur habe, die Kühen helfe, trächtig zu werden. Ewiges Leben durch irgendein Wasser? Welch abwegiges Versprechen! Doch nichts an der Art dieses Rabbis ist seltsam. Diese Worte führt er mit der Gelassenheit eines Mannes im Mund, der weiß, wovon er spricht. Noch niemals hat sie natürlichere Worte gehört. Sie erwidert seinen Blick, der nun schon nicht mehr spöttisch ist. All ihre Mauern beginnen einzustürzen. »Herr, gib mir dieses Wasser«, gleitet ihr es wie automatisch von den Lippen. Genau das, wovon er spricht, genau das ist es, was sie will. Das ist das, was sie braucht und wonach sie sucht. Ihre Augen können sich nicht abwenden von den seinen. Ein langer Moment verstreicht.

Und mit der gleichen ruhigen Stimme die Worte, die die Zeit still stehen lassen. »Geh, ruf deinen Mann.«

Peng. Ihren Mann. Innerlich zuckt sie zusammen wie ein angeschossenes Reh, äußerlich nur ihre Augen. Blasse Röte steigt auf ihre vom Schleier halbverdeckten Wangen. Unter tausend Fragen, die er hätte stellen, und unter Tausenden Themen, die er hätte ansprechen können, just dies. Fast muss sie innerlich bitter auflachen. Ihren Mann. Welchen Mann? Den, mit dem sie einmal verheiratet war? Der, mit dem sie jetzt lebt? All die anderen dazwischen? Scham steigt in ihr hoch. So freundlich hat dieses Gespräch begonnen. Doch auf einmal das. Wie kann er es wagen, sie genau darauf anzusprechen? Was gibt ihm das Recht? Wut brennt auf in ihrem Bauch. Doch all das läuft nur in einem blitzschnellen Moment in ihr ab. Sie hat gelernt, nicht alles zu zeigen, und mit gefasster Stimme, in der nur der kleinste Anklang eines Zitterns ihr inneres Beben verrät, antwortet sie: »Ich habe keinen Mann.«

Ganz leicht sind ihr diese Worte von den Lippen gegangen. Und doch senkt sich ihr Blick nun. Irgendwie ist der Zauber dieser kurzen Begegnung der Beklemmung gewichen, die sie nur allzu gut kennt. Vor ihrem inneren Auge jetzt Schallum. Der untersetzte, schwarzbärtige Mann, mit dem sie das Lager teilt. An den sie sich schon fast gewöhnt hat. Und dann Uri, der sich von ihr losgesagt hat. Und schließlich Ariel und all die anderen. »Ich habe keinen Mann«, sagt sie und schüttelt dabei beinahe zynisch den Kopf; dreister könnte man die Sache kaum darstellen. Auf einmal spürt sie all die Lüge, all das Durcheinander und das Falsche, in dem ihr Leben schon so lange festhängt.

Doch da wieder dieses Singende in der Stimme des Fremden. So entwaffnend und natürlich, als spräche ein Kind. »Du hast richtig gesagt, dass du keinen Mann hast. Denn fünf Männer hattest du und der, mit dem du jetzt lebst, ist nicht dein Mann. Also hast du die Wahrheit gesagt.«

Ruckartig richtet sie sich auf und blickt dem Mann ins Gesicht. Was?, schießt es ihr nur durch den Kopf, »Du hast die Wahrheit gesagt«? Wie kann er nur so reden? Sie fühlt sich so ertappt, so entlarvt, so ausgeliefert. Woher weiß er das? Erst jetzt spürt sie, wie billig das klingt: fünf Männer gehabt und jetzt mit einem, der nicht ihr Mann ist. Genau. Das ist es. Nackt ausgezogen fühlt sie sich. Entblößt. Doch entblößt vor Augen der reinen Gnade. Die Wahrheit gesagt? Hat er wirklich gesagt, ich habe die Wahrheit gesagt?! Na ja, so kann man es auch nennen. Zumindest einen kleinen Teil der Wahrheit! Diesem Mann kann sie nichts vormachen, er durchleuchtet ihr Herz wie eine Lampe die Kammer. Doch sein Wort lässt sie bestehen. Er nennt sie keine Lügnerin. Hier sitzt sie. So völlig durchschaut und doch nicht verurteilt. Ein eigenartiges Gefühl. Irgendwie friedlich.

»Herr, ich sehe, du bist ein Prophet«, bricht es stammelnd aus ihr hervor. Und auf einmal kann sie nur noch an Gott denken. An den Gott, vor dem sie schuldig ist, das weiß sie ja. Den Gott, den die Juden in Jerusalem anbeten und die Samaritaner hier oben auf der kahlen Höhe mit den uralten, heiligen und verstörenden Legenden. Den Gott, dem sie sich so fremd fühlt. Den Gott, um den es ihr auf einmal mit aller Kraft ihres durstigen Herzens geht – jetzt, da sie mit diesem Mann hier spricht. Wie, ja, wie soll man Gott anbeten? Die ganze Geschichte ihres Volkes, ihre Prägung und all die heiligen und verstörenden Legenden hat sie vergessen. All das schmilzt zusammen unter dieser Frage: Wie dient man diesem Gott? Und wie kann man sich vor ihm von seiner Sünde reinigen? An welchem Altar ihm opfern, wenn man weiß, wie sündig man ist?

Hier spricht einer, der weiß, wie Gott ist. Und er redet von ihm mit der gleichen Selbstverständlichkeit wie zuvor. »Es kommt aber die Stunde und ist jetzt, da die wahren Anbeter den Vater in Geist und Wahrheit anbeten werden.« Gebannt hängt sie nun an jedem Wort von seinen Lippen. Wahre Anbeter. Solche sucht der Vater. Moment mal, Gott, ein Vater? Was ist ein Vater? An den eigenen kann sie sich ja kaum erinnern. An die Väter ihrer Kinder auch nicht recht. Dieser Mann hier ist viel zu jung, ihr Vater zu sein. Beim Blick in seine braunen Augen jedoch, die aus vorzeitlicher Stille zu stammen scheinen, klingt auch dieser Satz so nah und natürlich. In seinem Mund steht diese Wahrheit plötzlich im Raum wie das Einzige, was jemals wahr sein könnte. Gott ist ein Vater. Genau. Und er ist väterlich wie dieser fremde Mann. Dieser Mann, der so anders mit ihr umgeht als jeder Mann zuvor. Der spricht wie kein anderer Mann und kein irdischer

Vater jemals. »Denn der Vater ist auf der Suche nach solchen Anbetern.« Jesu Stimme senkt sich wie am Ende einer langen Rede. Wie am Ende einer Suche. Denn das weiß sie jetzt genau: Sie ist am Ende ihrer Suche. Ihrer langen Irrfahrt. Am Ende ihres Durstes. Sie ist angekommen an der Quelle. Was sie ihr Leben lang ersehnte. Was sie in all den Männern gesucht und nicht gefunden hat. In der verzweifelten Irrfahrt der Beziehungen und Liebschaften, die sie doch nur immer durstiger zurückließen. Kann es wirklich wahr sein? Der Vater selbst war auf der Suche nach ihr. Heute hat die Suche ein Ende. An diesem Mittag an der Jakobsquelle wird sie gefunden. Sie kommt endlich nach Hause. Und sie wird eine Anbeterin.

Warum spricht Jesus diese Frau auf ihr Beziehungsdurcheinander an? Warum wählt er gerade diesen wunden Punkt? Und wie kommt es, dass dieses Gespräch, von dem das vierte Kapitel des Johannesevangeliums berichtet, beim Wasserholen beginnt und beim Thema Anbetung endet? Wir sind am Ende dieses Buches angekommen. Des Buches, in dem es darum ging, in zwölf einfachen Schritten das Beten zu lernen. Und das mit der Frage begann, was denn sei, wenn »nichts ist«. Nicht viel los war auch bei dieser Frau. Allein am Brunnen, weil die Dorfschaft nichts von ihr wissen wollte. Viele Beziehungen, doch keinen Mann. Sozialer Abschaum. Teil des abtrünnigen Volkes. Und als Einzige in der schweigenden Mittagshitze an der Quelle, in ihrem Krug – nichts.

Der Vater hat nach dir gesucht. Ihn zu kennen und zu lieben, ist deine größte und höchste Berufung.

Doch gerade dort wartete einer auf sie. Wartete auf sie im Hier und Jetzt und an der Quelle. Er war schon dort, nur sie war woanders gewesen. Er wartete auf sie und begann ein Gespräch. Er wusste alles, doch verurteilte sie nicht. Freilich musste er ihn ansprechen, den schmerzhaften Punkt. Die Kapitulation bleibt keinem erspart. Die Konfrontation mit aller Gebrochenheit in der eigenen Existenz. Doch Jesus nutzte diesen Moment nicht aus. Er drängte nicht darauf, dass die Frau ihre Verhältnisse sofort klärte und optimierte. Scheinbar genügte es, das Problem zu benennen und im Gespräch darüber zu sein. Auch wenn sie nichts Bedeutsames oder Vorzeigbares zu berichten hatte. Eigentlich gar nichts. An genau diesem Ort wartete er auf sie, in genau diesem Nichts.

Am Ende dieses Buches gilt auch dir: Der Vater sucht Anbeter. Merke wohl: Er sucht keine Anbetung. Er dürstet nicht nach Lob oder Ritualen, sondern ist interessiert an realen Menschen, die nicht perfekt sind, doch im Gespräch mit ihm bleiben. Die lernen, ihn zu verehren in »Geist und Wahrheit« (Johannes 4,24). Sowohl in der geistlichen Dimension als auch in der Realität des Hier und Jetzt. Und all der eigenen Unvollkommenheit – auch das ist Teil der Wahrheit. Am Ende dieses Buches darfst auch du wissen: Der Vater hat nach dir gesucht. Ihn zu kennen und zu lieben, ist deine größte und höchste Berufung.

Doch was ist das Fazit, was ist der Ausblick und wie geht es weiter? Alle Lektionen der letzten zwölf Kapitel haben nur ein Ziel: dir zu helfen, nahe an Jesus dranzubleiben. Genau darin besteht die Essenz des Lebens als Christ. »*Wie mich der Vater geliebt hat, so habe auch ich euch geliebt. Bleibt in meiner Liebe!« (Johannes 15,9)*, sagt Jesus in der berühmten Rede, in der er sich mit dem Weinstock und uns mit den Reben vergleicht. In Jesus zu bleiben, in seiner Liebe, darum geht es. Er selbst ist die Antwort. Er selbst das Ziel der Suche. Wir können uns nicht aus eigener Kraft erlösen und müssen nicht aus eigener Kraft vollkommen werden. Es geht Gott um Beziehung, nicht um Leistung. Ist es nicht eine staunenswerte Wahrheit, dass Jesus zwar die chaotische Ehesituation der Frau ansprach, doch die Lösung des Problems nicht zur Vorbedingung für ein Gespräch über Anbetung machte? Sogar ihre halbherzige, geschönte Version der Sachlage als Wahrheit durchgehen ließ? Jesus hat mit Sicherheit eine Meinung zu Ehe und Sexualität. Doch alle Kraft der Veränderung liegt im Gespräch mit ihm, im Bleiben in seiner Liebe.

Alle Kraft liegt im Bleiben. Im Bleiben in der Liebe Jesu.

Was auch immer dein wunder Punkt ist ... Hoffentlich hast du einen! Hoffentlich bist du nicht perfekt, denn dann wäre Jesus nicht für dich gekommen. Er ist der Arzt für die Kranken, nicht der Belohner der Perfekten *(Matthäus 9,13)*. Sprich mit ihm darüber. Versteck dich nicht. Versteck nicht den wunden Punkt. Bitte ihn um seine Meinung. Lies, was sein Wort dazu sagt. Bleib im Gespräch. Bleib im Kontakt. Komm wieder und wieder zurück an den Ort der Begegnung, den inneren Garten, den Platz an der Quelle. Alle Kraft liegt im Bleiben. Im Bleiben in der Liebe Jesu. Im Gebet. Einfach Gebet. Gebet ist nicht alles. Doch ohne Gebet ist alles nichts.

Pete Greig, Dave Roberts

Red Moon Rising

Wenn Freunde anfangen zu träumen und zu beten. Die Geschichte von 24-7 Prayer. Überarbeitete und ergänzte Jubiläumsausgabe

Inspiriert durch die Erlebnisse der Herrnhuter Brüdergemeine um Graf Zinzendorf begann 1999 die 24-7 Gebetsbewegung. Mittlerweile gibt es weltweit über 1500 Gruppen. Unabhängig von Konfession oder Gemeindetyp, beten Jugendliche und junge Erwachsene, als ob alles von Gott abhängt, und leben, als ob alles von ihnen abhängt. Die Jubiläumsausgabe wurde komplett überarbeitet und enthält viel zusätzliches Material wie Hintergrundinfos und Fragen für Kleingruppen.

Klappenbroschur, 14 x 21,5 cm, 304 Seiten
ISBN 978-3-417-26674-0
Auch als E-Book

SCM
R.Brockhaus